日本とボリビアの架橋

日系シニア専門家としての国際貢献の記録

斎藤 述史

郁朋社

まえがき

この本は始めの一語から最後まで全部を私の体験や言葉で書いたものではありません。他の人の書いた本を読んだり話を聞いたり、資料を調べて文章を補いましたので文体に一貫性がないところがあるかもしれません。読み返して見ると不思議な気持ちになります。

この本の中には私の人生の中で体験した二つのことが書いてあります。第1章では中学校教師として理科教育や生徒指導に30数年携わり、とても言葉で言い表せないような淋しい気持ちで定年を迎え学校を後にするまでの出来事を綴りました。とくに教師生活の後半で体験した、生徒の生活や、生徒指導を中心にしたにもかかわらず荒れた学校となった様子を記述しました。

少年の非行問題は戦後の教育制度や経済の高度成長による社会の変化につれて、子どもの数が減り核家族化や共稼ぎ家庭が増加し、親が子どもと接する時間が極端に短くなり家庭の教育力が低下するのと反比例するように拡大していると考える人が多数います。

非行問題は学校原因論だけでは説明できません。少子化傾向や家庭や学校社会の状況などが複雑に絡み合った一種の社会病理と言うべきものであり、非行問題は学校のシステムを根本からゆさぶっているのが現状です。

学校における非行対策は教師にも限界があります。何か問題が起きると教師や学校の責任が追及されますが、非行問題は教師だけで解決するのは困難な問題であり、警察でないので取り調べをすることは出来ません。いじめをしていると予想される生徒の親に事情を説明して協力を求めると、何もしていないのに疑うのは人権問題だと抗議され、教育委員会に訴えると言われる場合もあり、問題を対処療法的に解決することが多々あります。学校の先生には授業や生徒指導、事務など課せられた内容の仕事がたくさんあって、これらのことをこなすのに必死なのです。

第2章以降は中学校の教員を定年退職して偶然のことから日系社会シニア専門家の試験に合格して、JICA（外務省所管国際協力事業団）より2年間ボリビア共和国サンファン日系人移住地（戦後日本の復興に好意的に手をさしのべてくれた国はアメリカ、中国、ボリビアだと言われています。ボリビア人は日本人と同じモンゴロイドであるためか親近感があり、特に戦後ボリビアが支援してくれたララ物資の医薬品は私達の健康を守ってくれました）で国際貢献に従事した体験の一端を記述しました。

多くの日本人は移住といえば（昔は移民といいました）昔、ブラジルに多くの方が行き苦労した話を思い出すでしょうが、実はブラジル以外の南米数カ国に農業移民として多くの方が渡っているのです。

現在日系人は南米に約２５０万人くらい住んでいます。農業移民が終わってからまだ20年あまりしか経っていないのです。今日でも技術移民は続いています。

日系社会シニア専門家は日系人移住者の在住国で行政力が直接及ばない部分、分野などを支援することが主な活動内容で、私の場合は公立の日系人学校サンファン学園（幼稚園・小学校・中学校・高校）で先生に対する直接の指導、教育委員会の運営に対する助言、市民に対する日本文化の啓発活動等を、平成7年から2年間、現地で取り組んできました。

日系人学校と、日本人学校と混同して考える人が沢山いますが、日系人学校は（各国に移住している日系人の師弟）外務省の所管です。日本人学校は（主に各国に駐在する日本の商社員の師弟）文科省が所管です。派遣職員は毎年外務省関係は数十人ぐらい、文科省関係は数百人ぐらいです。

国際貢献のルールとして先進国は発展途上国に支援、援助をするという約束が国際的にあり一般的には進んでいる国が遅れている国のお世話をしてあげることは今では常識になっています。

かなりの常識的と思われる人が、ＯＤＡの仕事に対して物や人、お金の無駄遣いではないかと軽い気持ちで言うことがありますが、短絡的に評価は出来ない共栄共存の国際的な活動なのです。関係機関の日常的明快な広報活動が大切ですし、国際的に考えることが出来る人が多くなることを期待しています。

日本とボリビアの架橋／目次

装丁／宮田 麻希

第1章　日本の教育と文化を考える

現在の日本は、世界有数の経済大国に成長する過程で見失ってしまっているものがあります。それは「心の教育」なのではないかと、考えている方がかなりいます。

義務教育の児童や生徒に対しては、学習の目的や生き方を具体的に分かりやすく教えて、規律や忍耐を学び自由放任にならないような人間に成長し、行動出来る力を育てるようにすべき段階にきているようです。

世界中でも現在の日本は、自由な社会で住みやすい良い国であると言われています。しかし残念なことは、野放しのような自由があってはいいはずはないのに、基準があいまいな部分があるためか、盲点をすり抜けて行動している人がいることです。

私たちの住む国は、自由で住みやすい社会を目指して発展していることはたしかです。しかし現実は人間の可能性を努力によってではなく、結果によって平等にしてしまおうとする「悪しき平和主義」と言われる状況が見られることです。

このことを表している例が、野放しの自由であって良いのかと思われる行為です。昔はなかったような事件が多発していることです。

既成概念にもとづく規則や習慣などの「自主規制」のようなことを守ることは、たしかに不自由な事柄であるけれど、最も大切にしなければならないことなのです。

よく学び他人の為に頑張る生徒は、先生から見て良い生徒なのです。

教師の価値基準で言う良い生徒とは、必ずしも生徒同士から見ると良い生徒と一致するとは限りません。

生徒の中には、教師と対立することを常に考えて行動をしている集団がいて、核になるボス的存在の者を取り巻くように多くの同調者が結びついています。

このような集団の指導は、とても困難で対処に苦慮する場合が多いのです。

反抗する生徒の場合は、生徒の勝手な考えの基準で行動している場合が多いので、児童、生徒の考え方を十分に理解して指導をしないと、視点が食い違い重要な部分が欠落してしまい全く指導にはなりません。

その結果として教師と生徒の間に考え方に違いが出てきて、教師と児童、生徒も空しさだけが残って現状の解決にならない場合が多いのです。

従来はクラスのリーダーになる児童や生徒は、勉強もスポーツも良く出来て優れていて、品行方正な生徒が、教師や周りの仲間から尊敬され、職員室でもクラスでも大切にされる傾向がありました。

　時代が変わって最近は、教師の考えと児童、生徒の考えの基準が少し掛け離れた部分が出てきていることははっきりしてきました。

　児童、生徒の考えの基準は友人、仲間がどう考えるかという人間関係が強調され、学校の規則や親の考えと違っていても、友人の期待に応え興味本位の中身が何より大切だと本気になって信じ、考えて行動している場合が多いのです。

　社会一般の考えの基準が変化した状況のもとでは、児童、生徒との考えが非常に遊離してきていると考えられます。

　児童、生徒の考えの基準にそった人気者を調べると、ユーモアのある子が圧倒的で、次がスポーツの出来る子、その一方で勉強が出来る子が今の学校では全く人気がないのです。

　面白いことに生徒から見た人気のある先生も、全く同じでユーモアのある先生が学校人気者の先生であり、規則にうるさい先生や厳格な先生は全く人気がありません。

　ボリビアの生徒に人気者の生徒の判断基準を三つあげてもらったら次のような項目をあげました。日本の現状とのかなりの違いがありボリビアの生徒は、正義という一本の筋が通っているように思いました。

1　心身共に健全で、とても強いこと。
2　だれにでも、公平に親切でもあること。
3　勉強が出来て感性が豊かであること。

上記のような三条件をそなえた友人、仲間を尊敬していました。

日本でもどこの国でも子供たちの中にリーダーが存在していて、リーダーの資質や取巻く仲間の傾向は決まっているようです。

アメリカやボリビアでも、私の調べた範囲では強い子、親切な子は家庭でもとてもよい子であるという実態がはっきり浮かびました。

しかし、日本だけは非常に変わっていて異常なのです。勉強が出来る子もだめ、スポーツの出来る子もだめ、体の不自由な子や成績のよくない子、周りに親切にするのもだめ、まして家の手伝いをするかどうか、親孝行などとはまったくリーダーの資格とは無関係なのです。

現在の日本では小、中、高校の人気者は、冗談の上手な子供で大人から見ると悪い素質の持ち主で眉をひそめたくなるような人格者です。性格の弱い子を助けようとする者や、親に親切にする子を真面目（マジ）と言って嫌い、軽率な言葉や態度でからかうことが上手な子が、人気者のナンバーワンなのですからどう判断してよいのか迷ってしまいます。

ウサギ小屋に住んで、働き蜂だなどと軽率な結論に向かって育ち、いびつで異常な環境に住み物質主義、モラルの喪失、低俗なマスコミなどの影響で育った一部の子供たち。

そんなに働いてどうするのだ、自分さえうまく行けばよいのだという、真面目さをあざ笑うこととの間には考え方に大きな食い違いがあり、社会に対して背を向けざるを得ない原因は何か、どのようなことと深い関係があるのでしょうか。

真面目さをあざ笑う一部の風潮と、子供の異常さの間の関係なのでしょうか。

日ごろ何故このような状態になるのか、その原因を知りたい気持ちで一杯でした。ある教育評論家がＴＶに出演して、このような知的底辺を作り出す原因は、民間放送の一部の低俗番組に出演する教養の低いタレントの影響もあるのではないかと言っていましたが、とても残念な気持ちです。

今日、日本の児童、生徒は一部であるけれど異常で、いびつな環境のもとで学習したり、生活を強いられていることは大変残念なことです。

現場の先生は今日、心身共に疲れている状態の方が多いように思われます。私はボリビア国で恵まれない家庭に育った児童、生徒なのに、学習に家庭の仕事に全力を尽くして頑張って生活している姿を見て驚きました。物心共に恵まれた日本でどうしてこのような、屈折した児童、学生が多いのだろうと驚いてしまいました。

子供の社会規範や秩序が、あらゆる方向に向かってどんどん変化し広がる時代になっていることは確かなことです。

教師や子どもたちとの間には、社会秩序や社会規範にちがいはないのですが、教師がもっている教育観、父母や生徒が目指す教育観とは実際にはずれがあるのです。

この差をなくすように努力することに、現状は苦慮しています。

極端な話であるかもしれないけれど、今日日本の社会の中で、とても頑張っているのは学校の教師かもしれません。

先生が社会の中で一人相撲をして頑張っている、その姿に気の毒な気持ちがしてなりません。

しかも今のところ、頑張り方の方法に少し無理があるのか、社会からはこの努力を正しく評価されてはいません。学校だけが孤島になっているかのように見えない訳でもありません。

教師は漂流民のようにも見えるのです。

このような現在の学校の状態への対応(特に教師の職務内容、権利と義務の明確化がはっきりされること)によって今学校が抱えている、生徒と先生、生徒と父母などの諸問題がかなり改善されると思われます。

改善策が確立していない現状で生徒指導は極端に難しくなっていて、努力の割りには効果があがりません。モグラたたきのようです。

潜在化した非行は手を変え、品を変えて蔓延しつつあり、児童、生徒の非行は決して少なくなっていないのです。

今年になって、ある新聞の社会面に載った記事で、次のような記事が紹介されたことが記憶にのこっています。

『ある人は道を一人で歩いていて、身も知らぬ人から刃物で全身を刺されてなくなった。ある人は、突然会社から理由を説明されないままに、解雇され会社の寮からしめだされて途方にくれている。

ある生徒は学校でいじめにあい、アパートの屋上から飛び降りて自らの命を断った。
ある人は自宅で一日中、キーボードを叩いて株を買いあさり、翌日には何千万円ものお金を儲けた』

これらの記事を読んで考えさせられたことは、現在の日本のほんの一部の出来事かもしれませんが、どこかが凄く間違っているのではないかと、暗い気持ちになりました。

現在の学校がなぜ正常でなくなったのか、多くの方々が色々な面から現在の学校がゆがんでいる問題行動の原因を究明して、解決する方策を立てて具体的な行動をしていくことが急務であると考えています。

その原因の一つに、家庭での教育があると主張する方がいます。

人の生き方の基本の多くは、家庭生活の中培われ家族関係を通して作られる部分が多いと言われます。

子供は生まれたときには全く無力であり、親に全て依存し適応しなければ生きてはいけません。

たとえその関係が歪んだものであっても、生きていくためには家族に適応しなければならないのです。

そこで子供は親の考えに適応した自分を作っていくのです。

子供は親の期待を読み取って、気に入られるように振る舞う傾向にありますから、母親との正常な関係がとても大切なのです。

とくに幼少期の子供にとって母親は、どのような関係者より深く密接なのです。

母親にとっては自分の子供を、だれよりも可愛いと思い、将来にさまざまな夢を描き期待をいだいて懸命に育てます。

子供は、無条件に愛されて当然と大切にされている自分を、素朴なかたち（自己愛）で評価するのです。

このような考え方は一般に我がまま、自己中心的というふうに否定的に考えられがちですが、健康な自己愛は人間の健全な発達にとても大切なのです。

豊かな人間関係を作るためには、健康な自己愛が必要不可欠なのです。

残念なことですが、なぜか子育てをする母親の中には、自分に対して肯定的な感情を持てずに子供を育ててしまう親が、現実に存在している事実があることです。

親から健康な自己愛を育てる環境を与えられないで、ほめられ過ぎて育てられた子供も、反対に拒絶され続けて育てられた子供たちも欠点をもっています。

親から拒絶されて育った子供は自分の行動に対して自信がなく、何をしても親から無視されたり叱られてばかりいます。

また身体的な虐待を受けて育った場合や、心理的に不安定な環境のもとで育つ場合も自分はだめなのだと思うようになり、問題を抱えて成長する場合が多いようです。

家庭内で両親の仲が悪く、つねに怒りや緊張がみなぎっている場合でも、子供はそれを自分のせいだと思い込んでしまいがちとなり、本当は自分に何の責任や問題がないのに、自分が悪いのだと思い込んでしまって、必死になって家庭内の調和を取り戻そうと努力する場合があります。

一方子供がどのような行動をしても、ほめすぎ、可愛がり、甘やかして育てた場合も健康な自己愛は育たないと言われています。

常にほめられることに慣れている子供は、たまたま親が普通の態度で接すると拒否されたように感じてしまい、常にごちそうを求めるようになります。

子供に適度の規則を加え、欲求不満（怒り）を持たせるのも親の仕事の一つといえるのではないかと考えられています。

親以外の他人は、いつもほめてくれる訳ではありませんから、親からの規制から慣れていない子供は、外に出ると拒絶されたように感じて、家の中に閉じこもりがちになる傾向があるようです。

家の中に閉じこもってばかりいると、引きこもりになることははっきりしています。

その結果自分に嫌気をさしてしまいがちになります。

このように育った子供は、自分の感情や考えをおし殺して常に他人の顔色をうかがうようになります。

彼らの描く本当の自分と、現実の自分とは掛け離れていますから、常に苦労を伴い苦痛をも伴いがちになるのです。

他人に本当の自分を見破られたくないので、人間関係は希薄になります。

自分をチヤホヤしてくれたり、機嫌をとってくれる人には近づき、不当に自分をおとし入れたり、利用しようとする人、おかしい時にはおかしいと言い怒るべき時には怒ってくれる人とは付き合えません。

少しでも相手の目に映る理想の自分が、崩れたりほころびがちになったら皆に拒絶されたと感じて心を閉ざしてしまいがちになります。

人間関係は時には、文句を言いあったり怒ったりしながら、成長し信じ合う関係が続いていくということが、彼らには信じられないのではないかと思います。

このような状態の人にとっては、他人との関係に安らぎを求められなくなり、人に愛されようとする場合は完璧でなければならないし、その結果として、失敗を恐れ生きていくことそのものがこわくなる場合が多いようで、非常に行動が消極的になりがちです。

健康な自己肯定感を持てない方の場合は、（理想の自分は）とてつもなく完璧で実現不可能なことを理想として夢を追おうとし、現実ばなれした行動となりがちです。

しかも、その理想に向かう気持ちは自発的ではなく、親や、知人が言ったから期待に添うように努力しようとしているのです。

それは自分の考えではなく、親や知人の考えにしたがって生きているからです。

偽りの自己に向かって努力しても、なかなか問題解決は無理なのです。

子供たちがやがて、親になって過去を振り返ったとき、現在の一部の大人のような間違った子育てをしないように、進化した社会に時代を変えていかなければなりません。

そのためには一歩先を考えて、将来の子供を育てるマニュアルを作る努力が、現在に生きる大人に与えられた課題だろうと思われます。

特に現在の学校教育は現状から、なるべく早く脱皮することが必要だと叫ばれてからかなりの年月が過ぎているのに、さっぱり変化しているという実感がありません。

ややもすると、目先の知識だけを育てるような安易な学習のあり方や、学校運営の方法を思い切って改める必要に迫られています。

想像する、企画する力の重要性を体得させ、そのために工夫改善することは、現在実施されている教育計画を見直して、教育の様々な領域の中で意図的、計画的な教育が実践され推進することができるようにすることです。

今後よく考えてみて現在改めなければならないこと、将来必要なことを的確に捉え、効果を上げていく方向に向かうべきでしょう。

当たり前のことなのかもしれませんが、人間である以上子供たちの中には、先生や家族、友達や大人の誰でも好きになれる子もいるし、とても勉強が好きな子、勉強が嫌いな子もいます。

このことは何も子供だけでなくても、一般の社会人の多くの方に見られることでもあり、理想と現実とのあいだに、へだたりがあるのは常識なのです。

教育を担当している先生の中には、社会人としての経験も浅く児童、生徒と共に自分自身も成長し、ともに歩みつつある未熟な指導者もいます。

教師は心身共にたくましく明日に生きる、子供を育てることに専念すべきことは言うまでもありません。

腹だたしいことがあっても、すぐに怒鳴ったり手を挙げたりするのは子供の取る態度であり、先生の取る態度ではありません。

心の動きは自分の力で押さえられない場合があるけれど、しかし行動は自分自身でその場にふさわしいように、コントロールできるような状態に日頃、研鑽し努力しておくことがとても大切なことだと思われます。

多くの教師は腹が立っても自分の気持ちを押さえて、教師らしい態度を崩さないように根気よく気長に指導にあたることが大切なのです。

教師の中には、まれに人生経験が浅く子どものような行動をする方が見受けられ、資質に欠けた方をみうけます。

教師にとって、自分に好意をもってくれる人は良い人と感じ、批判的な方を嫌いな人と感じることはごく自然なことなのかもしれません。

大人の人間関係と、子どもの人間関係は非常に似ているところがあるけれど、知性的な考えや、行動、人格ではかなりの違いがあることを、教師は常に考えて行動すべきでしょう。

人と人との付き合いとは、人格と人格の付き合いでもあるわけです。大人の人間関係では、自分の心の中を赤裸々にさらけ出し付き合うのではなく、欠点はかくして長所を表現し、よい人間関係を繕うとするのが普通の一般的な姿です。

世間一般の方が描く教師像は、普通の社会人とはかなり違った見方をしています。その行動は自分本位であり、融通がきかなく応用がきかないと言われる方がかなりおります。一面うなずける評価でないかと思います。

教師という職業は、かなり窮屈な職場であることは言うまでもありません。

教師は始めから、このような人格や行動をしていた訳はないのです。

教師は選考試験を受け、心身共に健康で、普通以上の学力や知識があり人格や教養に問題のない人が選ばれた集団だと考えて良いでしょう。

しかし、教師生活をだんだん重ねるうちに、日頃行動を共にする対象が発達段階の過程にある児童、生徒であるためか、自分たちは集団の頂点にいて常に指示する立場にあると、錯覚しがちなのです。

よほどそれぞれの教師が日常、人格陶治に気をつけ自分の立場をしっかり心がけて、自分を育てる努力を常にしないと、退行現象のような作用が働いて、子どものような大人のような不思議な教養人が現れてくるような気がしてならないのです。

このような教師に見られる退行現象を防ぐ方法として、休業日（夏、冬休み）などを使って色々な会社に出向いて、実際に現場の人達と一緒になって生産とは、労働とは、強いては生きることの意味を実習をすることによって、生きた社会を経験することが、カンフル剤となり自信と成功につながると思われ、是非実現してほしいものです。

一部の生徒ですが、教師の指導に対して暴言を吐いたり、暴力で立ち向かい教師の指導を阻害しようとするなどの、問題行動をする非行グループ集団がいて目に余るものがあります。

自分勝手気ままに生きようとする行動は、意図された態度ではなく、ひたすらその場が面白ければよいと、希薄な友人関係も手伝って常軌を逸したエピソードは各学校で日頃かなりみれるようです。

このような後を立たない状態の場面を危惧し、多くの父母が、今日の間違っている部分を改めなければならないと、強く考えています。

今の教育の現実では、戦前の教育で、とても大切にされていた事柄がすっかり姿をけしてしまったことを残念がる方がいます。その解決の方法として、教師の指導性にとても期待している方がかなりおられるようです。

教師は国民の皆様の期待に応える行動をしなければならないのは当然のことです。それがどうしても出来ないという教師は、「できない」のではなく「しない」のではないのでしょうか。

本当にそれが出来ないのであれば、教師の資質がないと考えなければならないかもしれません。

しかし、いまのところこれらの行動を解決する、具体的な方策は見つかっていない現状にあり、実践的な研究を通して効果を上げる方法を見つける努力を今後も根気強く続け、取り組んでいかなければなりません。

現在、児童、生徒の不登校に代表される社会不適応などの問題は、学校、父母、地域社会、行政、企業も世論を代表するマスコミも、自分自身の問題として捉えなければならない複雑にからみあった深刻な問題です。

解決のためには家庭や学校など、社会全体の責任であるという意識をしっかりもつことが肝要です。

言うまでもなく次の時代を担う、日本の子どもたちがいま起こしている問題行動は、主に学校で起きている特別な問題としてとらえる傾向があります。

日々の生活で子どもたちに直接、間接にかかわって人々皆で解決すべきものなのです。学校の先生を始め、親、そして専門機関のスタッフなどが、指導、相談、治療に当たり問題解決に当たるべきなのです。

教育の指導効果は生産工場と違い、脳の働きや心の動きのことですから非常に見えづらく、多種多様な考えに立つことが大切なのです。

ややもすると、直接指導に当たっていない多くの方々は、理想や理屈が先行して現実を正しく見ないで、興味本位で見ている場合があるように思われてなりません。

これらの問題の解決策を見つけて行動を起こすのは、どこかの誰かではなく「私」であり「あなた」なのです。

身近に迫っている自らの問題を、今すぐにでも解決しなければならないのです。

そのためには、現在抱えている問題はどのような社会の変遷や、経過を辿って今日を迎えているかということを真剣に考えるべき時期だと思われます。

このような社会になった理由は色々あると思いますが、気になることのひとつにお金がもうかれば良い、効率的に会社が組織され運営されればよいなど、社員の人格の尊重をおざなりにしていることも一因だと考えられます。

このようなことは、ことなかれ主義に染まった現代の一般的な風潮となりつつあります。誰かがやってくれるだろう、そのうちにやればいいなどと、今まで未解決の問題を先送りしようとする多くの人をうみだしているのです。

私たちは漫然として惰性で生活していると、知らず知らずのうちに崩壊と破滅に向かいつつある場合があることは疑う余地はないでしょう。

私たちの住む社会は沢山の難題があり、知らず知らずのうちに破壊や崩壊に導かれているのかもしれません。

ですから一人一人が自らの問題として、真剣に取り組むことであり、決して誰かがやってくれるだろう、そのうちにやれば良いと放置しておいて前に進むものではないでしょう。

多くの方はこれらの問題に対して、非常に強い危惧の念をもっていることは言うまでありませんが、なかなか行動を起こせないのです。

心の教育は人生の目標を、一人一人がしっかりもつために、私が描く新しい時代に向かって進む筋道は、戦後日本の社会が経済大国に成長する過程で見失なった（心の教育）を、どのようにして今後社会全体に取り戻すかということにつきます。

しかし、戦前の教育のような（徳目主義）の道徳によって、上から押しつける倫理観、人生観は賛成できません。

自分で考え自分にあった人生観でなければなりません。

自由という場合、ややもすると自由というたてまえの陰に、人々の習慣、風潮や既成の概念などに基づく自主規制のような不自由なものも確かにあります。

人間の可能性を努力によってではなく、結果において平等にしてしまおうとする（悪しき平等主義）はその典型ではないでしょうか。

この危惧は今日本人の多くの方が抱いていて、人それぞれにつぎの時代の道を進もうとしていますが、道は曲がりくねっていたり、大きく迂回しなければならないのかもしれないのです。

平和で暖かい環境の中で、節度をもって生活が出来る社会を目指す、子供たちの未来の為に、心の教育を正しい方向におし進める努力は、とても大切なのです。

心の教育は法律や制度を変えれば、進化したり生き方がすぐ変わるというような単純なものではないのです。

長い目でみると昔の人が編み出したもののうちで、現在の社会にとって良いところは取り入れ、国民全体の努力の集積によって、結果として人の行き方が変わっていくという、気長な考えや努力が必要だと思います。

第2章　国際貢献に参加して

国際貢献でボリビア共和国へ

月日の流れるのは早いものである。

科学教育や問題のある指導に携わり、手探りの毎日を懸命に過ごした中学校の教師としての生活は、つかの間に過ぎていった30数年であった。

やれやれとひと区切りがつき振り返ると、そこにはよろけたような足跡が途切れるように点々と続いていて、過ぎ去った出来事が思いだされた。

今までの人生とは何であったのだろう、教育の現場で日常実践を通して努力してきたけれど、やり遂げられなかった未解決の事柄が、今日の教育現場に引きつがれ問題解決に生かされているのだろうかと気掛かりになり、割り切れないものがあった。

最後に勤務したS中学校の教師集団は、文部省の考え方に賛同する管理職とその同調者、将来管理職を望んでいる者。その一方では組合の考え方を、もっともらしく表面に強く掲げて自由な振る舞いをする、一部のボス的教師集団の支配下のもとに、多くの教師は迎合するかのようなポーズをとる者が多かった。

教育の現場でこのような不自然で疑惑に満ちた二重構造で強固に組織された職場であったことはとても恥ずかしいことであった。

それぞれ個々の教師は、不自然な形で集団化されている組織とわかっていながら、保身のため、いずれかのグループに所属を強いられていて、異常な状態のなかでの勤務は不明朗な形で仕事をしなければならないことが多かった。

このような集団のためか無気力、無責任な教員も多く、これらの教師集団の影響もあってか、生徒の学習や生活に対する参加態度も、日頃の生活に対する取り組みも悪く、生徒指導の効果はほとんどあがらず、学校全体の荒廃ぶりは目を覆うものがあり、実体験を正確に表現することを躊躇せざるを得ないような部分のある状態であった。

このような特殊な環境にあっても一部ではあるが、教養と誠意に満ちた態度で教育の現場を大切にし熱心に取り組み、根気強く行動をして実践検証している先生方も周りにいた。

これらの方は私にやる気と勇気を与えてくれた。今でも素晴らしい同僚と一緒に仕事が出来たことを思い出し、終生忘れることはないだろうと思う。

やがて矛盾に満ちた苦しい体験をしながら退職することとなり、空しさと物足りなさを感じながら淋しい気持ちで学校を後にすることとなった。

長い教師の体験を通して誠実に時間を過ごしてきたつもりだったが、教育を通してやり遂げられなかったこと、努力して積み上げてきたものはあれでよかったのか、今後簡単に壊れてしまうのではないだろうか。

一人よがりで幻想ではなかったのか。

冷静になって深く反省してみると、これが今までの人生だったのだという思いが明瞭になった瞬間、過去に実現出来なかったことを、今後の生活でどのように解決すべきかという気持ちと意欲が浮かんできた。

きっと今後努力し頑張れば解決出来るものもあり、目標を定めて具体的な実践をしようと決断した。すると急に元気がでてきた。

しばらくして南米ボリビア共和国に、日系社会シニア専門家とし国際貢献に赴くこととなり与えられた仕事をしっかりはたそうと心に誓った。

ボリビア共和国は南半球にあり熱帯の国である。

今まで私は外国に一度も行ったことがなかったし、スペイン語の会話は全くできない。

南米の国情は全く分からないし、今までしっかり理解しようともしてこなかった。

環境も違い諸条件の異なる南米の国で、与えられた仕事をきちんと出来るだろうか、強い戸惑いと不安にかられた。

国際貢献とは

私に与えられた仕事の内容は、戦後ボリビアに移住した日系人の方に対してボリビア政府の行政力が直接及ばない部分を支援することでした。

具体的には主に日系人を対象にした、ボリビア国の公立モデルスクールであるサンファン学園で教職員、児童、生徒や教育委員会、日系人社会の方々に対し子育てや老人社会福祉問題などの支援をすることと、ボリビアの皆さんに対して日本事情、日本文化を紹介し広報活動をすることなどが主な仕事の内容でした。

国民の一般の方々は、国際貢献という言葉は時々聞くので知ってはいても、その目的や仕事の内容活動については、正しく理解されていない傾向にあります。

「日本国内にはまだまだ、やらなければならない問題が山積しているのに」多額の国民の税金をつかって発展途上国の支援を、何故するのかという疑問を多くの方が抱いているのが現状ではないかと思われます。

問題はＯＤＡの予算が、どのように効果的に使われているかということを、国民の皆さんが誰でも分かるように、日ごろ気長に啓発活動をすることによって、共通理解が得られ今後の発展に大きな力となることを分かっていただくことです。

その結果として、日本政府が海外で何の目的でどのような仕事をしているということを、国民の皆さんに正しく理解していただくことは、直接自分たちの生活とは関係がないからいいという考えが改められると思います。

自分たちの税金が毎年このようにも使われているということが正しく理解され、このことが国民の誇りとなります。それはＯＤＡの発展にとって多大な進歩につながる重要なことだと考えられます。

現在日本の国際貢献（ＯＤＡ）は次のような活動内容の仕事をしています。

国際的に地球上で困っている人びとに対して、「先進国は発展途上国に支援をするという、決まりがあり」救援の手を差し述べる手だての一つなのです。

運営の主体は日本政府の、いち組織である国際協力機構（ＪＩＣＡ）が担当していて近年支援や活動の改革によって実績を着実に積み重ねています。

日系社会シニア専門家、青年海外協力隊を始め各種の職種や組織があります。

私が参加した日系社会シニア専門家は（教育、福祉、農業）の三分野があり、定年前の職場で経験した知識や技能を生かして、日系人移住地の活性化と生活の向上を図ることを目的としていて、希望者は試験を受け合格者が派遣されることとなっています。

ＯＤＡと言うと、少し古い統計ですが、国の予算約60兆、北海道の予算約３兆、札幌市約２兆、ＯＤＡの予算約１兆、これらの予算を効果的に適正に使われているかということが、ここ数年かなり厳しく国民のあいだで論議されています。

改善されつつありますがこのようにすべきだという方針が、しっかり出来ていないのが実情です。

サンファン学園について

私がボリビア国サンファン日系人移住地でお世話をしたサンファン学園は、１９６９年に設立しました。

当初は日本が全面的に援助し、私立の総合学園として開校しました。

サンファン学園は、幾多の変遷を経て１９６９年に日本ボリビア協会が学園を設立し、私立の学校となりました。

その後、制度の改革で１９８７年ボリビア国文部省と日本ボリビア協会が教育協定を締結し、正規の公立学校として新しい制度でのモデルスクール校として認可されました。

以後移住地の日系人やボリビア人の師弟に対し日本文化の発信地として、または将来ボリビア国で中心になって活躍する人材の養成機関としても、注目されている学校として発展しつつあります。

現在学園はボリビア国公認の公立校として（保健所、幼稚園、小、中、高校）学園設置されています。

私は、学園の教育課程の編成や、各教科の指導方法、教育委員会や日系人社会の活性化など、全般に対してのアドバイスが主な仕事でした。

現在南米には日系人が運営する日本語学校が、５００校あまりありますがサンファン学園、アルゼンチンの日亜学院、メキシコの日墨学院の3校は、当該国が公認する公立の日本語学校であり、南米の日本語学校の中核になって指導、運営にあたっています。

サンファン学園の教職員は65名で、学校教育の中で日本語を外国語として位置付けて学習するバイリンガルで、各学年毎週9時間日本語を学習していました。

A. B. J.
ASOCIACION BOLIVIANO J
SAN JUAN DE YAPA

あらゆる教育の機会を使って国語（日本語）を継承語の媒体として、（毎日の学習、学校行事等）日本人的な道徳、情操、習慣、風習、物の考え方等を通して育て身につけるように努力をさせていました。

学園長（校長）はボリビアの国立師範大学出身で哲学を専攻した方で、戦前の日本の校長のような使命感、責任感、正義感が強く、日本の民主主義や日本の教育についてとても研究していた若い元気な指導者でした。

日本語科の主任方は日系人の一世で、ボリビアの師範学校を非常に努力して卒業した方で、勤勉で頭が良く、とても爽やかなスマートな中年の女性でした。

教職員はお互いに尊敬しあって、なごやかに児童や生徒の指導に専念していました。

施設設備もかなり充実していて学園（校長）室、日本語科職員室、スペイン語科職員室、図書室、体育館、各種実技教科実習室、講堂、コンピュータ室などモデルスクールに相応しい教育環境でした。

教育課程の中に、日本語（国語）を外国語として位置づけて、学齢、習熟度学力等を勘案して10クラス編成して、全校生徒に毎週9時間日本語（国語）の学習を必修教科として指導していました。

UNIDAD EDUCATIVA TECNICO HUMANISTICO
SAN JUAN-YAPACANI

naguración
Gestión
Escolar
1
9
9
7

普通クラスでは日本語能力試験1、2級、特別クラスでは3級を卒業するまでに合格することを指導の目標にしていました。

普通コース……国語　日本語を使って国語的内容の要素の強い教材を用いて（日本語で書かれている6学年用の教科書）卒業までに学習する。

特別コース……日本語　スペイン語で日本語的要素の強い内容の授業で指導　教師能力の自主編成による教材、テキスト、プリント等で学習。

日本語を話せる児童、生徒が対象………普通課程　小学校コース、中学校コース

日本語を話せない児童、生徒学習対象…特別課程

幼稚園は別に編成し、日本語、スペイン語を発達段階に応じて教えていました。

授業で大切にしていることは、話すことが出来るようになるために、お話大会、お話を聞く会、朗読会、書くこと等の能力を養う席書大会等を学校行事との関連を重視して行っていました。

また夏休み中には中、高校生を対象にして補習をし、日本語（国語）の学習、日本文化

や日本の事情などを紹介し理解する能力を育成のための講座を開催して、将来日本への技術取得、研究会参加のためや留学の機会に役立つようにと、話すこと、聞くこと、書くこと、読むことができるようになることを目標にして学習していただきました。

日本語について

世界の多くの民族は自国の歴史や文化を、とても大切にしていることは言うまでもありません。

今日の日本人は自分の国の歴史や文化を本当に大切にしているだろうかとなると、かなり心配になる人がいることはたしかでしょう。

ボリビアで実際に私が生活してみて、日本の文化のレベルは高く世界に誇れるものが多く再認識し、とてもうれしくなりました。

日本が誇れるものの文化の一つは日本語です、日本語は外国語を多様に取り入れながら、表意語と表音語を併用して使用し独自に発達してきた言語は世界で日本だけで、世界的に珍しい言語であることは言うまでもありません。

日本の文化人や経済人のなかで一時期英語を日本の公用語にしたらいいのではと、主張している方がいました。

現在英語を使って経営している会社がありますが、例外と考えていいと思います。今後の経過にとても関心があります。

日本語はカタカナ、ひらがな、漢字など、なかなか覚えるのが困難でなじめないという話を良く耳にします。

日本語の将来を心配する方がいることはたしかです。

しかし日本語という優れた言語が、そう簡単になくなると私は思いません。

言語は国民性を極めて明瞭に表現する手段だと言われています。ですから日本語について詳しく調べれば、私たち日本人がどのような歴史を経て今日の日本に至っているかがわかるのです。

日本の社会は近年西洋の文明を急速に吸収し、ものの考え方や、表現の方法を自分たちのものとして生活に役立て日本語の中に取り入れてきました。

ですから今日私たちが日常的に使っている言葉の中には、ここ100年くらいの間に新しく作られたものが数多く使われています。

例えば国会などで使われている言葉に例を取れば、国会議事堂、衆参両院、委員会、多数決、政党、外交、主催などは西欧の言語を輸入し翻訳した言葉の一部なのです。

言語（言葉）について考えるときに、大切なことは私たちはどこからきてどこへ行こうとしているのかという目当てをしっかりもって、変化してきた過程や変化の様子を大切にして正確に次の世代に伝えていくことが必要だと思います。

世界諸国の言語は５０００種以上使用されていますが、その国の使用言語は多ければよいというものではありません。

日本語の使用人口は（世界第5位）で、一億余りが同一言語を使用している力はとても大きく、日本の国民は単一民族であると拡大解釈する方もいます。

日本語を使って獲得する経済力は世界第4位の大きさとなっています。

現在ではもう少し上位の実力のある言語となっていると思われます。

今日のように、日本の地位が国際的に認められてくると、日本語は国際語となる可能性があり日本は現在、米国についで世界第二位の国連負担金負担国となっています。

間もなく日本は国連常任理事国になるかもしれません。そうなると国連の（公用語）になる可能性がおおいにあります。

日本で生まれ日本の教育を受けて成長した日系人一世にとって日本語は、外国語ではなく母国語なのです。

今後家庭での日本語の使用頻度は変化していくでしょう。ボリビアで生まれ育ち二言語を使い異民族と全く文化や風土の違う環境の中で教育を受けて育った、二、三世との間には物の考え方や、生活の態度に違いが出てきていましたが、このことは当然なのかもしれません。

二、三世の方にお会いして気がつくことは、日本人でもボリビア人でもない不思議な日本人のような方が多く見受けられたことでした。

多くの日系人の方々は、ボリビアを定住の地と考えていますから、日本語は外国語の言語なのです。

日系人の一世の方は、想像以上に師弟の教育に対する関心や期待が大きいようです。その理由のひとつとしては、ボリビア国の将来がはっきり見えないようで、その結果として子供の教育や躾について、家庭や学校で実力を身につけさせそれぞれの個人に、生きる力や自信をつけさせることによって、親たちの苦しみや心配ごとを解決する手助けになるだろうと考えて子育てに努力しているように思われました。

今後とても大切な問題は、日系人一世の皆さんがどのような後継者を育てようとしているかということです。

我が国の海外移住の目標でもある、移住した方々が在任国の皆さんと助け合って共栄共存し、明るい社会を作る為に努力することであり、今後の進むべき道を考えるうえでも重要視しなければならない大きな問題なのです。

半世紀以上たった移住の歴史を、きちんと振り返ってみる時期にきているのです。

ボリビアと日本との関係は今後、今まで以上に両国の文化や伝統を尊重しあい国家間や民間の人びとの交流も、活発になっていくことになるでしょう。

日本からの支援の在り方も大きく変わっていくだろうと思います。

私が先生方にお世話した保育所、幼稚園、小、中、高校の児童、生徒の大半は日系二、三世でした。現地の方（ボリビア人）で裕福な家庭の子供たちが通学して一緒に勉強をしていましたが、とても活達な子供たちでした。

学習の方針は日本語教育を、単に外国語として指導するだけではありません。

スペイン語、日本語の二言語を使って学習を進め、日本語は外国語として位置づけられています。

日系人とボリビア人が両国の文化と伝統を継承存続することを目指していました。

日本語を通して日本を理解することは、日本の文化、見方、考え方、感じ方に触れ日本の文化や日系人を正しく理解するすることや、両国も融合した生活を考えていく上でとても効果的だと思われます。

日系人社会に支援することは、国際社会で貢献する人材を育てる重要なはたらきや、役割をもっていると思います。

ボランティアについて考える

一般にボランティアという言葉から受ける印象は、奇特な人、自己犠牲、無料奉仕といったイメージが浮かびます。

何かをしたい、何かにかかわりを持ちたい余り無理をしないで行動を起こし、見返りを期待しない無償の行為というのが今日の共通な考えかたです。

今日ではボランティアは、内容が多様化し裾野が広がりつつあり、活動の性質から次のように分けて考えられています。

サービス型のボランティア

お年寄りや、身体に障害者のある方への介護や支援、自然災害にあったときなどの労力奉仕や、日本に来る外国人に対して案内役やお世話など、報酬を期待しないで出来る内容の仕事を実行することによってだれにでも出来て、自分自身も元気がでて楽しくなるような内容のボランティア活動。

専門的知識や経験が必要なボランティア

日系社会シニア専門家や青年海外協力隊、非政府組織（ＮＧＯ）で専門的な知識や能力が必要で国際貢献や国際理解、国際交流に密接に関係していて、主に発展途上国の問題に関心をもって、豊かな日本にいて自分に何が出来るか、また国際協力のあり方を十分理解している多くの方々が参加する、ボランティア活動。

現在先進国が、発展途上国に対する援助の方法は、経済的の援助から、技術、知識などを援助する時代に変容しつつあります。

問題は活動の重点や援助の内容などを、どのように評定や評価するかが問題になってきています。

日本の国民が努力して作り出した大切な税金を地球上の裏側の国まで届け、苦労して提供しているので、顔の見える支援をして日本の存在感を示す必要があります。

そのためには国際貢献を国民のみなさんに正しく理解していただき、協力してもらうことが大切です。

日系社会シニア専門家の活動

主として南米に移住した日系人の移住地の人達に対して、それぞれ個人の豊富な知識や経験を生かして支援するシニアのボランティア活動です。

南米の日系人移住地に住む日系人は２５０万人と言われ、戦後日本が推進してきた農業主体の移住は現在行われていませんが、専門的知識や技術が必要な職種は、受け入れています。

移住者の多いブラジル国では、日本で生まれて移住した一世が、現在では全体の一割強となり、日本とのかかわりが段々薄れてきてるのではないかと、懸念する声が移住者の一部にあります。

このような変化に対応しようと、日本の高度の経済成長や急速に進んだ近代国家への変容に注目すると同時に、文化や社会の仕組み、科学知識や、高度の技術を学ぶために交流を深め国づくりをしようとしています。

日本語学習の目的

今日、日本語に対する関心が国際的に高まりつつある中で、日系人の間で日本語の学習熱は非常に高くなってきています。

ボリビアで日系人の高校生80名に私が（あなたは、どのような目的で日本語を学習しますか）というアンケートをした結果では、

1、祖父、祖母、父母の生まれた国の、言葉を学びたいから。

2、日本語を通して日本の国の様子を知りたいから。

3、訪日して文化や歴史、進んだ技術を学びたいから、その為に日本語の学習をしっかりしておく必要があるから。

という回答が寄せられました。

第3章　ボリビアの文化と歴史

ボリビアの歴史と風土

私は仕事の関係でボリビアの原住民の方や、児童、生徒、日系人移住地の皆さんと親しく接触する機会にめぐまれました。

ボリビアの原住民（インディオ）の多くの方々と接触した体験を通して、人の生き方についてとても大切なことを学ばせてもらい、知識が深まり人生に幅ができたように思い、貴重な体験をしたことを感謝しています。

ボリビア共和国（Repulic of Bolivia）（注1）は南米大陸の中央部の西寄りにある共和国体制の内陸国ですが、海に出るためには他国の領地を通らなくてはなりませんので争いの元となっています。（注1）現在はボリビア多民族国に国名変更されています。

北から東にかけてブラジル、西はペルーとチリ、南はアルゼンチンとパラグアイに囲まれた海のない内陸国なのに、高地にとても大きなチチカカ湖があり、トトラという水草でつくった浮草の家で、菜園を作ったり動物を飼って生活している民族がいました。また軍艦が湖上を警備している様子にとても驚きでした。

世界的なアンデス山脈中にある首都はラパスです。

首都のラパス（注2）は、世界一の高地（3000m）のアンデス山脈中に位置し、見渡す限りむき出しの岩肌と赤茶けた耕地でおおわれ、ほとんど森林や樹木はなく90万の人々が密集して生活しています。

（注2）憲法上の首都はスクレとなっています。

国土の面積は日本の3倍くらいで、人口は約550万人くらいです。

領土の一部であるアンデス山脈中には、天然資源が豊富に眠っています。広大なジャングル地帯は平坦で、森林資源、水資が豊富で、ほとんど未開発の状態です。

恵まれた自然状態にありながら、南米一の赤貧国から抜けだせないままに、今日を迎えていることはとても残念なことです。

国土は9つの行政州からなり、不思議なことに一部の地域ですが、州と州を結ぶ陸路（道路）のないところが現在もあり、人々の往来や物資の輸送には河川を船舶、または空路飛行機によって確保しています。

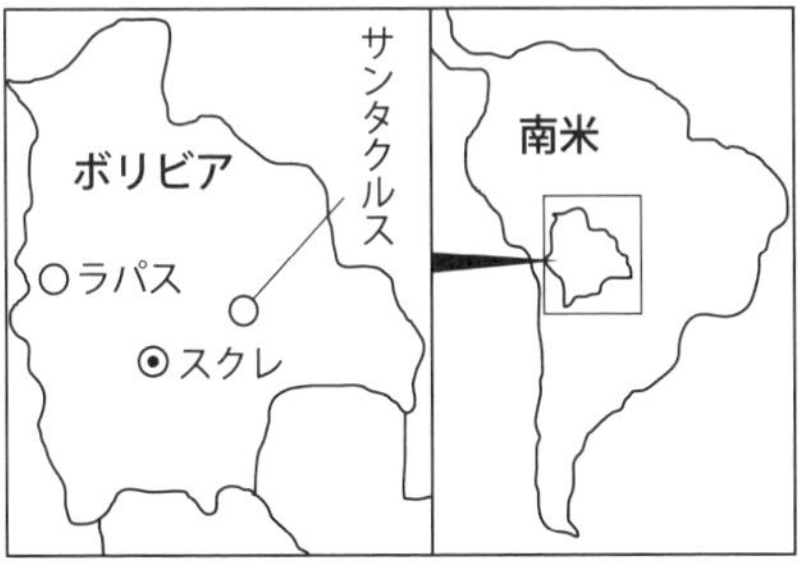

南米・ボリビアの地図

地勢的にはアンデス山脈中の高原地帯は、年平均気温が15度ぐらいで、山岳地帯の段丘を有効に利用し栽培に適した、トウモロコシ、ジャガイモ、トマトなどの農耕によって食料を確保し、リヤマ、羊などの放牧によって衣服を作り長年自給生活を営んで、今日まで国民の大多数は生計を立ててきました。

平坦な熱帯森林地帯（ジャングル地帯）の低地は、大河アマゾン川の上流に属し年平均気温が25度ぐらいの高温湿潤地帯で風土病や、害虫(蚊)、高温多湿の気象条件に悩まされ、一部の地帯でわずかに野生のゴム（天然ゴム）の採集をしている程度で、開発は殆ど進んでいないのが実態でした。

しかし60年前に移住した日系人が中心となって、なんとかジャングルを開拓して農地に変えようと考えました。

当初はサンタクルス地方の、ジャングルのわずかな平坦地の一部を開墾して、米、穀物、柑橘類、熱帯の果実、サトウキビなどの栽培やリヤマ、羊、牛などの牧畜を行いました。これらの試行は大成功をおさめました。

この快挙はボリビア人の農業に対する考え方を大きく変え、熱帯農業のモデルとなり、ボリビア政府や農民の強い要求に対して熱心に、技術指導を行いました。

以後急速に農業国になりつつあります。

最近までボリビア農業の発展を阻害していた理由や諸条件を、移住者のリーダー方は次のように話していました。

- ボリビアにおける農業経営の成功は、日系人の研究成果であり日本政府の強い支援があったからである。
- 農薬の使用によって、ある程度の害虫による弊害が抑制された。
- 電気が導入され、冷蔵庫、扇風機、クーラーによって食料が確保された。
- 簡易水道や、細菌を利用した簡易便所の活用で、風土病や伝染病が抑制され、健康の維持に役立った。
- 熱帯に適した植物や動物の種類を選定した。
- 牛、鶏の排泄物を肥料として牧草を育て、牛、羊の飼料に、バナナ、マンゴー、ミカン、柑橘類、大豆、陸稲、麦、野菜などの栽培に肥料として活用した。
- 牛、羊肉は精肉として、鶏卵は卵として販売した。
- 大豆は鶏の飼料としたり、醤油、味噌の原料として製品化して販売した。

このように日系人移住者の研究心や創意工夫、科学の進歩とあいまって、多くの難題が解決されたことが引き金となって、ジャングルの農地化がいちじるしく進み、変容することとなった主な原因だろうと思われます。

これらの成功によって、日本人はボリビア人から厚い信頼をうけることとなって今日を迎えています。

最近では、目まぐるしく発展した経済活動や文化の波が国中に広がり、かつてのジャングル地帯は驚くほど変容し文明化が進んでいます。

ボリビアはとても豊富に地下資源が埋蔵されている国です。

錫、銅、銀を始め希少金属（レアメタル）天然ガス、油田などの埋蔵量は豊富で今日世界の各国が注目し、採掘権を獲得しようとする動きが活発です。

最近日本の商社がレアメタルの大量輸入交渉に成功し、ＩＴ産業に明るい見通しとなって、今後の発展が期待されています。

ボリビア国の政治や経済活動は長い間、欧州系の白人や都市の富裕層が、国の実権を握っていて貧富の格差が非常におおきい状態でした。

ボリビアの国民の大半はインディオ（原住民）で、最近までアンデス山脈の兵陵地帯（気候が温暖で生活しやすい）に住んでいました。

生活の中心は小規模な農耕で、長い間のスペイン圧政のもとで苦しい生活をしいられてきました。

原住民は圧政と生活苦に耐えてきたのです。

今回の選挙で初めて、原住民出身の大統領が当選し、国民の長年の念願が実現したことに対して国民の多数の方は、これからの国の在り方が大きく変わっていくだろうと考え大きな希望をもっているようです。

ボリビアの歴史では、インカ帝国（ボリビア国は一時領土の一部だった）に文字らしいものがなかった（文字を持たなかった民族の文明は、あるレベルまで発展し途中で途絶えていることは共通しています）ことや、馬がいなかったこと、車がなかったことが、スペインに征服された原因だと考えられてきました。

１４９２年コロンブスが新大陸を発見し、航海の途中で原住民との交流があり、動物、植物の存在は一部原住民の方は知っていたと考えられています。

最近の考え方として、インカ帝国が崩壊弱体化した理由の一つとして、インカ帝国の言い伝えの中に、ある日白い馬に乗った欧米人の指揮官率いる、数百人の軍隊がやって来るという話がありました。

16世紀スペイン人ピサロ（インカの言い伝えで白い馬に乗った勇者）が、少数の兵士で遠方からやって来て国民を救うという話があり、ピサロの出現は偶然に類似性があり盲信した国民が多数いたと思われます。

突然訪れたピサロの出現は、原住民の驚きは想像を絶するものであったようです。ピサロの軍隊の兵士たちは新しい科学知識や、世界の様子を民衆にひろめました。

多くの原住民はこれらの考えに、大きな刺激を受け国内は混乱しました。

例えば、戦いをして多くの兵士の犠牲を払って確保した生け贄を、神に捧げて供養しても、予言どうりの自然現象が起きなかったり、豊作になる確率は非常に小さかったことなどに対し、国民は疑問を強くいだくようになりました。

長い間、神の声を聞けるのは王様だけという考え、王の声にすべて従うという盲信的な考えはおかしいという疑問、聞く耳をもって考えられるようになりつつありました、多くの国民の意識の高まりはとまることはありませんでした。

多くの民衆の声はしだいに広がり、何の根拠もない不合理性に対して、行動を起こそうとする機運が高まりました。

このような事実は国の統一を乱す要因となり、王の命令を忠実に守らない兵士や国民が多くなってきました。

このような兵士や国民の動きがインカ帝国を、崩壊に導いたのではないかと従来から考えられてきました。

その後インカ帝国最後の皇帝、アタワルパが侵略者ピサロによって処刑され、植民地となって18世紀末までスペインの支配下におかれたわけです。

その結果、世界史に残るインカ帝国の膨大な一部の文化遺産が、破滅、崩壊されたことは非常に残念なことだと思われています。

それ以来、中南米の先住民は征服され侵略されて、植民地となり大多数の国民は銀鉱山や農業の労務者として酷使され、豊富な鉱物資源は世界中に輸出され欧米人の懐を豊かにするだけの結果となりました。

現地の方から私が、直接聞いた寓話です。

熱帯の昼下がり、ヤシの木陰で昼寝をしている一人の男がいた。それがあまり毎日の事なので、おせっかいな外国人が見るに見かねてある日揺り起こして、寝てばかりいないで少し働いたらどうかとまじめな顔で忠告した。

するとボリビアの男は不機嫌な顔になって「働いたらどうなるのだ」と言った。

そこでお節介な男は働けばお金を手にすることが出来ると答えた。

すると、ボリビアの男は「お金をためてどうするのか」と再び反発した。

外国人はニヤッとして「お金さえあれば、大きな別荘だって買えるのではないか」とハッパをかけた。

すると「それでは大きな別荘を買ってどうするのだ」と寝ころんで反問した。

答えに詰まった外国人は、くるしまぎれに「そりゃ大きな別荘を買うと、休みの日に涼しい木陰で昼寝出来るではないか」と答えた。

するとボリビア人の男はグルリと背中を向けながら「それでは今の俺とどこが違うのだ」と言って寝込んでしまったと言う。


ボリビアは今日でも国内産業は育たず、南米一の貧しい国として今日に至っていることを、今日でも正しく説明できる方は見当たりません。

15世紀頃アンデス山脈中に、壮大な大文明を作ったアンデス文明圏に属し、活発な活動をしていたボリビアのスクレ市が鉱山の町として栄え、18世紀末世界第二位の都市人口であったことからもその繁栄の一端がうかがえます。

長い間の共栄共存を忘れたスペイン政府の植民地政策の結果、ボリビア人のかなりの部分の長所が抹殺されて、スペイン人の最も悪い面が強調され、今日もこの国の国民性や文化に暗い影をおとしています。

インカ文明は現在世界中の多くの考古学者の努力で、古代文明の発祥地として遺跡の発掘が進むにつれて、続々と大文明の証拠が出土し世界第五の文明と考える、学者が多くなってきています。

16世紀になってヨーロッパに伝わった農作物の種類は、ジャガイモ・サツマイモ・トマト・トウモロコシ・トウガラシ・カボチャ・ピーマン・ピーナッツ・カカオ・パイナップルなど今日、日本の八百屋さんに並んでいる、三分の二の野菜や果物はアンデスが原産地の農業作物で、砂糖きび・たばこ・綿花・ゴムなどの商品作物もその仲間です。

征服者のピサロは初めてインディオの食事のメニューを見て、その食材の多様さに非常に驚いたということです。16世紀以前のヨーロッパの食事は品数が少なく質素であった理由が、うなずけたそうです。

　第二次世界大戦前に日系人が初めて南米大陸のボリビアに移民したのは、１９２７（昭和初期）南米大陸アンデス山脈の西側地域アマゾン川の河口から、３５００キロメートル上流付近のボリビアに、民間人サイドで入植したのが最初で８００人くらいの日系人か、裸同然の状態で移民しました。

　戦前の移民は民間人サイドでの移民であり、国の政治的、経済的援助は一切ありませんでした。

　移民者の多くは九州出身の方が中心で、天然ゴム液採集の労働者としてジャングルの中での労働に従事しました。高温、多湿の悪条件の環境は、想像を絶するものがあり困難を極めたと語られています。

　想像を絶する苦悩を乗り越えて生抜いた移住者の努力を、国民は移民ではなく棄民だと当時大きな話題になりました。

　この事実に、日本政府の移民者に対する援助の在り方に対して、多くの国民が疑問をいだき非難の声が高まりました。

　１９０３年フォードが自動車会社を設立し、ベルトコンベアーシステムによる自動車の大量生産方式が成功し、急速に自動車産業が発展しました。

その結果、自動車のタイヤに不可欠な天然ゴムの需要が飛躍的に高まり、原産地のボリビア国は勤勉で真面目に働く日本人を、移民者として受け入れ天然ゴムの需要に応えようとしました。

この政策はあたって、天然ゴムの生産にたずさわっている日本人移住者はボリビア国から称賛され、生活は一時安定してとても豊かな生活をしていたようです。

しかし、ヨーロッパ人によって東南アジアでの、ゴムの人口栽培（プランテーション）が成功したことにより大量のゴム採集が可能となり、ボリビアの天然ゴムは主流の座を奪われ需要は急速に衰退しました。

移民した日系人は働く場所がなくなり、生活は窮地に追い込まれた。

生活の場を失った日系人は放浪生活のような状態になって、南米の各地に離散することとなりました。

この中の一部の方は、原住民の一部族である裸族の仲間入りすることとなりました。

全く新しい原始生活をすることとなり、タイムスリップしたような生活を余儀なくされました。

裸族を訪ねたことのある、日系人の方から聞いた話によると、現在もアマゾン川上流に位置する、１００万都市サンタクルス市から、さほど遠くない所で、裸族と合流して生活している移民の子孫である5、6世の方が、元気に生活しているそうです。

裸族になった日系人は移住者の子孫です。先祖は紛れもなく日本人です。現在ボリビアの奥地で現地人と合流し元気に原住民に溶け込んだ生活をしているのです。

私はこの話を聞いたとき唖然としました。

皆さんは、なりたくて今日の生活を選択した訳ではないように思うと同時に、数としては少ないでしょうが、このような境遇におかれ余儀なく外国の地で生活している方が、現存している事実を知っていただき、出来たら支援してあげたいものだと考えます。

日本人は閉鎖的で四つの島に閉じこもっていると言われています。

ボリビアの奥地で裸族と合流して、生活をしている方のことを考えるとき、人の進化とは何かという説明が、だんだん難しくなってきます。

裸族の方は何故服を着ないのか、この問いは愚問です。文明人は何故服を着るのかということの、反対を考えたらよいのです。

裸族は何故日課にしたがった生活をしないのか、衣食住がやや保証されていた環境では、あまり日課を重視した生活は重要でないからです。

裸族が川の岸に高床の家を建てるのは、蚊などの害虫が侵入しない、湿度一定で風通しがよい、便などを川に流すので比較的衛生的であるという理由からです。

驚いたのは、僕の祖父は裸族でしたという青年が、コンピューターの技師をしていたり、7歳まで裸族の社会で生活していたという方が、私の乗用車の運転や庭の手入れをしてくれていました。

若者は手先が器用で、一昔前の日本の田舎育ちの少年のようで、純真で素朴なさわやかな方でした。

ようするに生きていく為の、ある程度のものが補償され準備されている環境では興味、関心、能力に応じた適応ができるということなのでしょう。

人の進化を短い時間で考えてはよくないということです。裸族になった日本人はとても住みやすいのでそうしているのでしょう。

日本人もインディオも祖先をたどれば、同じモンゴリアンの血が流れています。

子供のころ臀部にモウコ班ができるのがその証拠です。

戦後のボリビアへの移住は１９５６年に、日本とボリビア国の間で交わされた移住協定の締結で南米への移住が始まりました。

俗に言う戦前のような棄民のような移民ではなく移住でした。

戦後日本政府サイドで、過去の移民政策の強い反省を十分にふまえ、具体的で周到な移住計画が実施され、日本の威信をかけてボリビアの移住は進められたのです。

移住者はアマゾン川支流の、サンタクルス付近に入植し、始めは熱帯果樹のバナナ、パパイヤ、マンゴウやサトウキビ、コカなどの栽培に取り組みました。

移住した人たちは各階層の方々で構成され、農業従事者、炭鉱離職者、会社員、公務員などの多岐に渡りました。高学歴な人や知識人も多く個人が持参した資金や財産もかなりあって、ジャングルを開拓する段階から、ブルドーザーやトラック等一応の開発機械を導入して政府の強い後押しのもとに進められました。

第二次世界大戦後、我が国に賠償を要求しなかった国があったことをあまり多くの日本人は知っていないでしょう。

それは、米国、中国、ボリビア国の三国であったのです。

特にララ物資として健康に苦しむ、日本人に医薬品を送ってくれた主な国はボリビア国や米国だったことは私たちの記憶に残っています。

現在ボリビア共和国には日系人が5、000名近く住んでいます。鉱物資源が豊富で希少金属を始め錫、亜鉛、錫、銅、鉄、石油、天然ガス、木材、水資源、日光が豊富、山岳地帯の一部分を除くとほとんど平坦部で、気温23度ぐらいで年間を通して一定の気候、毎日やって来るスコール以外は風がなく殆ど晴れています。天気予報はあまり当てにしません。

失業者、餓死者は皆無に近く、南米大陸を南北に連なるアンデス山脈の山麓地帯、アマゾン川の上流地域の平坦な部分で日系人が農場を経営し、複合農業法式で日本の協同組合方式をとりいれた、大規模機械化農業を行い穀物、果樹、酪農、養鶏を行っていて農業経営者は日本の援助に支えられて、一戸３００町歩くらいを保有し一戸で、数十人の現地人を雇用していました。

現在、移住地を支える産業は大型機械を取り入れた大豆、大麦、陸稲、果樹、牧畜、養鶏を組み合わせた大規模機械化農業です。

下水浄化槽、クーラー、冷蔵庫などの普及により、札幌の面積ぐらいのジャングルを開拓60年、サンフアン移住地は今日ボリビア農業のモデル地域となっています。

ボリビア人から開発に貢献した日系人はとても尊敬されています。

ボリビア国サンフアン日系人移住地は、ボリビア国との住協定によって治外法権のような性格の特権がなくなる問題がせまっています。

日系人三世までは、二重国籍が認められていますが四世以降は、日系人としての特権がなくなりますので、ボリビア人としてそれぞれの方が自助努力によって生活していかなければなりません。

これらのように法の制度が変わることによって、日本からの援助も今までのように移住地に直接援助することはできなくなります。

これらの変化を正しく理解して、色々な問題を解決していく場合、今までの経験や体験を通して冷静に判断して、日系人がボリビア国の国づくりや開発に大きな力となってきている実績に誇りと自信をもって、ボリビアの国民から信頼されている現実を大切にし、新しい歴史を作っていかなければならないのです。

次の時代に向かって進む筋道を開く上で、考えなければならないことは教育の現場を担当する教師だけに頼るのだけではなく、子供にかかわる家庭をはじめとしたすべての関係機関、そこで働くスタッフの方々がそれぞれ相互に関連しあって、子供たちの、よい面、悪い面などを的確に判断してその結果、最も良い指導や援助は何かを捜し出す努力を続けなければならないのです。

サンファン日系人移住地

南米大陸の中央部に位置した、内陸国でボリビア共和国の東部サンタクルス州に属し、大河アマゾン川の源流ヤパカニ川の流域サンファン移住地に、昭和30年に日本の各地から入植しました。

サンファン移住地は総面積27、135町歩あり、移住地には日系人250戸750人とボリビア人8000名くらいが生活していて、各戸最低50町歩の農地を所有しています。

今日移住50周年を迎えた、日本人移住地サンファンの現在の生活を支える大型機械化による大豆、陸稲、牧畜、養鶏、柑橘類、野菜等を中心にした複合農業で、営農基盤は、ほぼ確立しつつあり日系人は、比較的安定した生活を営んでいます。

私の在任中の住宅は、赤い瓦屋根で白い壁のスペイン風の一戸建てのモダンな住居の建物で、敷地は二重のフェンスでかこまれ、ポリスボックスが隣接して厳しく昼夜警備してくれていました。

静止通信衛星によるTV放送の受信施設が完備していて、NHKテレビの映像やラジオの国際放送が鮮明に視聴でき、国際電話も質の良い音声が通じました。

熱帯から亜熱帯に位置するサンファン移住地は、春も冬もない常夏の国で一年を通して夜になると殆ど毎日驚くほど大きなホタルの光や虫の音を聞くことが出来ました。

敷地内の庭にはブーゲンビリア、ハイビスカスなどの花が咲いていて、特にハイビスカスは不思議な植物で一度植えると80年くらいは花をつけるようで、季節によって花をつける場所が変わり年中花をつける何とも変わった植物です。

パパイアや、マンゴーも庭で実をつけ、密が好物の長いストローのような口を使ってハチ鳥ホバーリングをしながら上手に蜜をすって飛びかっています。この様子を見ていたある人がヘリコプターのヒントを得たという話は説得力がありました。

サンファン移住地は50周年を迎え、年々高齢者が増えていて70歳以上が97名となり最高高齢者は90歳、男女の比率は男性45、女性55でした。

寿会という高齢者の親睦会をつくり、近郊の名所の散策や、近くを流れる川での釣り大会、遊覧船による川下りや、ゲートボール大会などを行っています。また毎年9月の敬老の日（毎年日本人一世が作成している文集はとても内容が充実していて古里を懐かしむ心情があふれていました）には健康診断や生活相談をしたのちに祝賀会をして親交を深めていました。

サンファン移住地の成り立ち

戦前にゴム採集のために移民した日本人の勤勉さをとてもボリビアの方は尊敬していたので、戦時中は敵対国民であるのにも関わらず、日系人を守ってくれた多くのボリビア人の方々が存在していたのです。

戦後いち早く衣食住に困窮する、日本人の移住を受け入れてくれました。

戦後初めての移住船は１９５３年３月、別れのテープを切って神戸港を後にし、未知の世界に挑戦する航海に出ました。

神戸港を出港して55日目にブラジル国のサントス港に到着、上陸後ただちにブラジル国の鉄道に乗り換えて南米大陸を横断しボリビア国に向かったのです。

驚いたことにはボリビアの国内に列車が入ると、荒れ野のような荒涼とした放牧地らしい風景に一変し、とても粗末な草葺きの人家が点在していて、ブラジル国とまったく異なった環境の違いにとても驚いたようです。

汽車は駅でない所にしばしば止まり、何事かと思っていると乗務員が、機関車の燃料にする薪がなくなったので、全員で運ぶ手伝いをして欲しいというので、途中で下車し手分けして薪を切ったり、割ったり、運んだり、力をあわせた結果、無事に汽車は出発することができました。

車中では思ったより、ゆったり休養することが出来ました。時々中国風の食事が出てとても美味しく食べることが出来ました。

それぞれの方々は人生の大きな転換に向かって、意欲満々開拓精神旺盛で、新天地ボリビア国のサンフアン移住地に着きたい一心で時間を過ごしました。

サントス港に上陸し汽車に乗り換えてから17日目に、やっとボリビア国のサンタクルス市に到着しました。

長旅からの解放感と目的地に到着した喜びに、どの顔にも笑みがあふれていました。

市の広場には在留邦人、ボリビア人の大勢の出迎えの人達であふれていました。

移住者はこれらの人波に囲まれ、整然と整列し緊張した面持ちで船の中で練習したボリビア国歌を斉唱しました。勇壮な歌声は熱帯樹の茂る町並みに流れ、日本人の移民に対する並々ならぬ決意をボリビアの地に響かせました。

日ボ親善の集いは、町並みを大きな波のうねりとなってゆれました。

やがて神戸を出てから77日目、全員小雨降るサンファン移住地サンタクルス市の北西135㎞にある移住地のサンファン宿泊所にやっと到着しました。

待ち受けていたのは雨露をしのぐ、仮住まいのそまつな施設で想像以上の現実の姿であったけれど、どの顔にも安堵の気持が感じられました。

一夜が明けた翌日、周囲は樹高30ｍくらいの森林におおわれた、昼なお暗いジャングルを切り開いた広場であることが分かりました。

夜になると、満天に輝く降ってくるような星空を見上げました。驚く程大きな声で鳴くカエルの声や、強い光を放つホタルの光りを見ながら夜はふけていきました。

宿泊所では自炊で、主に男性が急場をしのぐ簡単なカマドを作り、薪を割り石油缶をなべの代わりにして、豚肉のスープなどをつくり調理をして90人分の食事をつくりました。

女性は買い出し、掃除、子供の世話と忙しく働きました。

食器は携行食の缶づめの空き缶をつかいました。

野外食のような物だったのに、空腹をみたしとても美味しく幸せにかんじたとのことです。

自然相手の毎日は苦しいこともありましたが、今振り返ると笑ってしまうような思い出も少なくありません。

若い人にとっては単純で変化に乏しい生活を、苦痛に感じる方が出てきました。

ある日、月明かりを頼りに数人で2キロくらい離れた所にある現地人の店に出掛けました。現地人は日本がとても珍しいためか、持ち物の時計や指輪、着ているシャツやズボンに興味を示しました。

現地人の皆さんはとても純朴で、日本人に対し心から親切に接してくれましたので、とても感激しました。

すると何処からともなく太鼓の音が聞こえてきました。

映画に出てくる、インディアンの襲撃のようなメロディーに聞こえてきました。皆はとても不安になりました。

謎はやがて解けました。それは現地人の夫妻が太鼓の音に併せて、全身を激しく振って歓迎の踊りで迎えてくれていたのです。

夫妻はカメの甲羅のナベでつくった、豚肉を出してくれました。このことがあってから太鼓の音は恐ろしくなくなりました。

やがて移住者は広場に集結して、割り当ての5ｈａ（ヘクタール）の土地配分が決まり、各家庭の定住場所と荷物の運び込みが完了しました。自分たちに配分された土地を見てそれぞれ複雑な気持ちがよぎっていたようです。

それぞれに分配された土地は原始林のため、人の手がはいった形跡は一切なく、ひざまで浸かる泥の道もあり唖然としました。

猿やライオンの遠吠えや蚊の大群から身を守るために、蚊帳を張って暗いカンテラの明かりの下で、トカゲ、ワニ、野草、川魚などを食べて飢えをしのぎました。

食事をしながらも、将来に対する不安がおそってきました。

家は主な柱以外は、屋根も壁も床もすべて椰子の幹や葉を材料にした、雨露をしのぐ仮の住まいでした。

しかし今後どのように農業を進めて生活するか、周囲を見渡すと天を指す原始林、ぬかるみの泥道を見て、身のひきしまる思いがしました。

各家庭は雨期の到来までにと先を争って開拓が始まり、ジャングルを切り開く作業にとりかかりました。

日本人の知識だけでは、農地開墾の仕方や方法など、何も分からないので現地人の皆さんに指導を受けることとなりました。

未開のジャングルの開拓に挑む森林伐採や、焼畑による農作業の方法、何を作りいつ種を蒔くかなどの時期や方法。農機具、道具の、種類と名称、使用方法などを、また動植物の種類ばかりでなく、生活の仕方の方法を始め、料理の素材、小屋の建て方など細部にわたって教えてもらいました。

ボリビアの方は労働による現金収入があり、支払いが確かで間違いのない日本人の責任感や人柄に信頼と感心をもって多数集まって開拓に協力してくれました。

最初の年は伐採をして種蒔き成長を見守りましたが、籾を蒔いた稲は収穫期になってもわずかな収穫で、飯米にも事欠く状況でした。

サンフアンには多種多様な生物が棲息しています。山野に食べられるものはないかと探すと、トカゲ、イグアナ、ワニ、カメ、ネズミ、イノシシ、ハゲタカなどが生息していて簡単に捕まえることが出来ました。

何よりも困ったのは、野菜でした。野菜不足を補う為に自生している木の実や野草を食べました。偶然みつけた春菊のような草は、とてもおいしく食べることができました。

緑の魔境、眠れる宝庫に新天地開拓の理想を描き挑んだ、太古未踏の大原始林との戦いには大自然の猛威は容赦なく吹き付けました。

しかし、ボリビアへの移住のかけ橋になろうと移住者は、異なる言語、習慣、文化の壁を乗り越えて、地域による違い、自然環境の多様性を乗り越えようと強く感じました。

例えばアンデス山脈４０００mを超える山々、ジャングル地帯を覆う熱帯雨林、塩分を多量に含む砂漠地帯。

また、各地に点在する特色のある文化が存在し現在に至っています。

世界一高所にあるチチカカ湖では、独自の文化や生活が営まれています。

インカやシカン文明は、ナスカの地上絵や様々な個性的なもの悲しいメロデーを奏でる楽器、美しい強い印象を与える民族舞踊や衣装や織物に興味を感じました。

現在日系人はボリビアの国民からとても強く、信頼されています。それは国民性である包容力や親しみやすさ、今日にいたるまでの苦難のみちを歩みながら貢献してきた、日本人に対する感謝の気持ちだと思います。

入植して45年の今日、日本が放映するＮＨＫの国際テレビ放送も受信が可能となりました。各種職場の職員を研修への参加制度、生活や生産に必要な機材、器具の供与、移住地に必要な専門家の派遣による、先覚的な知識や技能を提供してくれています。

ボリビアでも新しい知識や技術の導入にともない、後継者の人材育成が容易になり開発途上国ボリビアで日本人移住者が貢献しています。

母国日本の強力な援助で、大ジャングルの地を定住の里とするようになりつつあるのです。

サンファン移住地の農業は、入植当時各家庭に配分された50ヘクタールのジャングルを人の力によって伐採し、無肥料で陸稲を栽培する焼畑栽培農業から始まりました。

残念ながらこの心意気は、第二、三世代では消えつつあるように思います。

サンファンの現在とこれから

広大なジャングルに、入植した移住者の苦労の上で今日の繁栄を築いたサンファン移住地は、今日ボリビア政府からモデル農村に指定され、農業の開発、地域の発展を目指しています。

1960年の半ばから大型機械化による、耕地造成が日本政府の強い後押しで始まりました。その結果、牧畜、養鶏などを取り入れた、稲作、大豆、麦、柑橘類、マカダミアナッツなどの栽培がはじまりました。

移住地の農業は一部には大規模機械化農業ですが、多数の農家も多角経営による営農形態が確立しつつあります。

ボリビア政府の、政治家、農林省の営農指導者、農業の専門家は１９８０年頃までは、ボリビアの農業開発は、日本人移住地の真似をせよと言っていました。

日本人移住地の農業開発は、日本政府や民間団体の強力な資金援助や営農方法の指導に支えられての成果であるという考えを再考しつつあります。

最近のボリビア政府関係者の国民に対する指導方針は、変わってきているようです。

それはドイツの移住者の皆さんの経営方針をみならって、他の人の力に一切頼らない自助努力による営農方法をとろうとしているのです。

今後ボリビアの農業開発は、このようにあるべきだという考えを支持しているようです。

今後日系人の移住地は自助努力が問われる時代に入っているのです。

１９５９年頃より、サンフアン村は移住者の努力と忍耐による歴史を経て、移住地は画期的な機械化農業による耕地の開拓、道路造成と整備、村の行政、経済の独立などの組織の充実と強化、子弟教育、青年婦人活動の援助育成などがだんだん充実してきました。

現在の移住地の大まかな様子は、入植当時ゼロから始まった農業耕地面積１４００町歩、大豆400町歩、トウモロコシ200町歩、柑橘類80町歩、牧畜牛5200頭、豚500頭、養鶏数8万羽、機動力はブルドーザー、トラック、カミアネット等25台保有している現状です。

特にサンファン移住地の高品質の米、大豆、大規模な養鶏は、国内外で高く評価されています。

サンファンの農業

サンファン移住地を支えている、主要産業は農業で国内市場で大きなシェアをしめています。米、大豆、鶏卵、柑橘類、ココナッツは国内唯一の生産物です。

種子、飼料、搾油工場、精米所、鶏病センター、孵卵所、農事試験場などの施設は今後の大きな発展を目指して活躍しています。

農業経営は農業行動組合方式の組織で運営され、効果を上げていることは言うまでもありません。

ボリビアの社会への融合

最初の移住者14家族87人が、1955年5月15日に神戸を出港しました。その後数度に分かれて日系人が移住しました。

今年移住50周年を迎えたサンフアン移住地は、746名の日系人と多数のボリビア人が生活し村が成り立っています。

ボリビア生まれの二世以降の方は、ボリビア人に感化され悪い面を受け継ぎ、服装や生活習慣、風習も変わりつつあるようです。

それぞれの民族が異なる文化や社会環境にあって、互いに地域社会を住みやすい共同体として今後発展するように期待しています。

日系人が作ったサンフアン村の将来は、次の世代の青少年が担っていることは、言うまでもありません。

それはボリビアの社会との融合を目指し、日本人の良さを備えたボリビア人であって欲しいし、活動の分野も農業ばかりではなく、いろいろな分野でボリビアの社会の職業に進出して、活躍する日系人がたくさん出て欲しいのです。

オキナワ移住地

現在オキナワ移住地には、450名の日系人と4500名のボリビア人が住んでいます。ボリビア人のかなりの方は日系人が経営する農場で、酪農や農作物の栽培に従事しています。

ボリビアの移住地以外に住んでいるかなりの方が、オキナワやサンファン移住地に行けば農業の技術を取得でき、現金が手に入り仕事にありつけるというわけで、高地に住むさまざまな村々から集まってくる傾向にあります。

私がオキナワ移住地を訪ねたとき、1954年オキナワ移住地に第一次移住者が入植したことを記念して、入植祭りの祝いをしている最中でとても盛り上がっていました。

村民総出の豊作祭りでは、日ごろ荒々しい土地で必死になって生きているけれど、彼らはそれぞれの伝統と生活習慣を守りながら、明るく元気に民族色豊かな衣装をまとった踊る姿は圧巻であり、観衆の拍手をうけていました。どの国の祭りも同じことに驚嘆しました。

祭りの最後に一人の小女が私の前に来て、丁寧にあいさつをして麦ワラ帽を渡してくれとてもうれしかったです。ぼくは「ムーチャス、グラシアス」（有り難う）と言って握手をしました。小女は無言ではずかしそうな笑みを残してかえっていきました。日系人とボリビア人とのお祭りが残した、一日の催しは大成功だったと思いとても感激してしまいました。

ボリビア人の日系人社会は入植以来、今日大きな転換期にさしかかっていて今までのようにボリビアの中の、日系人移住地という特別扱いを受けていた状態から、完全にボリビアの法律や制度のなかで生活していかなければならないこととなります。したがって日系人は今後どのような目的をもって、生活していくかで今後の発展は大きく変わってきます。

イ　今日が楽しければ良い、明日のために我慢したり努力したくない。（一部のボリビア人の生活態度ににている）

ロ　一世の生き方を世襲し常に日本を参考に生活する。（時々日本に働きにいく）

ハ　両国の文化を融合したボリビア人をめざす。（勤勉に努力する日系人）

以上のような三種類の生き方があると思います。

ボリビア人の方々はその資質を高めるため日本で研修をうける場合、何の為に日本に行くのか目的意識をはっきりして、両国の文化を融合して新しいボリビアを作る為に大切な事柄を会得する機会にすべきです。

日本に研修にきたことのある方の話が印象に残っています。日本に研修に訪れる前はボリビアを支援している、多くの国のように大資本を投入して、資源を発掘して利益の大半を本国にもっていくのではないかと、疑って考えていましたが、実際に研修に参加して見ると大戦争のため痛手から数年で世界の大国になった理由が分かり、日本に対する認識が変わったと話されていました。

なぜかボリビア国は機材、器具の点検や保守整備に力を入れない国です。電話は性能が悪く時どき鉄道も道路も故障したりつかえなくなります。

今まで支援しても、直接利益につながらない保守や点検の部分を省略して、大切な部分に力を入れないため、結果として大きな損失をしていると考えていました。

ボリビアにメンテナンスの考えはないと言う人がいますが、私が見聞してきた範囲ではこの考えは当たらないと思います。

第五の文明を作り上げた民族の末裔であり、適切な理論や教育、技術を実体験などを通して修得すれば、かなりの事が解決するだろうと思われます。

ＪＩＣＡや日系人は橋渡して貢献する大切な目標事項に留意すべきでしょう。

ボリビアの日系人移住は成功していると言えるか、現状を見ると確かにボリビア人と日系人の間には農地耕面積、営農業方法や技術、大規模機械化等に相当な相違点があり年収、子弟の教育、住居、文化的な生活の程度においてかなりの開きがあります。

日系人にとって今日があるのは、日本政府が日本国内以上に日系人移住地を保護し、支援をしたことによって今日があることを冷静に受け止めて、これからも日系人優位の状況が続く保障があるかは疑問であり、今後の賢明な発展に期待します。

ボリビア雑感

ラテン音楽

ラテンアメリカの音楽は一般に明るくテンポの早いものが多いなかにあってペルーやアンデス地方の曲はとても、もの悲しく寂しい感じのものが多かったと思います。

日本でも一時流行した「コンドルは飛んでゆく」（エル・コンドル・パーサ）を思い浮

かべていただければ良いでしょう。

マチュピチュはインカ帝国時代の遺跡で、４００年間だれにも発見されないで眠っていたことは有名な話です。

研究熱心な米国の若い学徒によって20世紀になって発見され、アンデス山脈中の秘境で世界中に注目されるようになりました。現在は世界文化遺産に選ばれています。

私が観光客として訪れ、壮大な石の遺跡に心をうばわれ、さ迷い歩いていると、突然岩かげからコンドル・ラ・バーサ（コンドルは飛んでゆく。この名曲はアンデス山脈を鳥の王様コンドルが勇壮に飛ぶ様子を表しているのだそうです）の曲が聞こえてきたのにはとても驚きました。よく見ると一人のインディオの古老が、日本の尺八のような笛で（日本のヨシのような植物の茎でつくったものケーナと言う）、胸をしめつけられるような哀しい曲を吹いていていました。

スペイン人に、あえなく滅ぼされた民族の恨みを訴えているかのように聞こえました。あえて言えば、インディオの体に流れている自然発生的なメロディーなのかもしれないと私は勝手な想像をしました。

観光客の私たちが近づいても、目を開こうともしませんでした。

インディオの古老の奏でるこの曲は、いつ、何の目的で誰が作曲したのですかとの問いに対して、彼は口を閉ざし語ろうとはせず、ただ黙々と笛を吹いていました。

ガイドさんの話によると、アメリカのある作曲家が、スペイン人ピサロに滅ぼされたインカ文明の劇映画を作成したときの、間奏曲として原住民のインディオに昔から伝わる民謡を編曲したのだと説明してくれました。

コルテス――Hernan Cortes（１５８４～１５４７）

スペインのメキシコ征服者は貧しい貴族の出身で19歳の時に海を渡り、サント・ドミンゴやキューバに勤務しました。あまり目立たない青年であったそうです。

やがて兵士５００名を率いてアステカ族を征服、１５２１年アステカ大文明の歴史的大破壊をなって、ヌエバ、エカパーヤに植民地を建設してコルテスはその地の総督となりました。

原住民に対し彼は、独断行動によって強引な弾圧政治を行ったことは有名ですが、晩年は寂しい最期を遂げたようです。

衝撃の古代アマゾン文明

今世紀最大の謎と言っても過言でない、南米ボリビアの北部に広がるアマゾン川支流の巨大な氾濫地帯（氾濫原）ホモス大平原に点在する島状のものを盛り土ロマといいます。

盛り土と盛り土を直線で結ぶ道路網（テラプレン）がありその脇に造られた運河では、人造湖が水をため広大な農耕や集落に水を提供していました。

ロマは推定2万個くらいで、テラプレンの総延長5千キロに及んでいました。

アマゾンの、ジャングルという想像もつかない未開の地に、大土木工事の痕跡が無数に残されています。

昨年の秋、軽飛行機から初めて現地を俯瞰した景観をみて、今までの文明という概念を根底から考え直す必要があると思いました。

現在まで知られている世界の四大文明の大河周辺で誕生、発展したのとは全く違って、自然を徹底的に作り変える努力をしつつ、自然との共生も忘れないユニークな進化を遂げてきました。

文化人類学をライフワークにしている立教大学の教授が、中南米の先住民族シャーマニズムの研究が高じて、教授自身が現地調査に足を踏み入れ今までの研究の誤りを検証して古代アマゾン文明の存在を初めて日本に紹介しました。

それにしても、一体誰が何のためにいつこれほどの大文明を築いたのでしょうか。

南米は、世界でもっともオーパーツ（あってはならないもの）の多い地域だと昔から言われています。

多くの研究者は数千年以上前から、旧大陸と文化の交流があったに違いないと考えられています、このことが事実なら今までの人類の歴史を見直す発見になるだろうと言われ、ロマの発掘調査は大きな夢を追う計画だと考えられています。

コカの葉と先住民運動

アンデス山脈中にあるボリビア共和国の首都所在地ラパスは、富士山と同じ高度に位置し世界一高い所にあります。

初めて訪れる人は、高山病の兆候が現れ目がかすみ、頭痛、息苦しさを我慢してホテルにやっと着きます。

ホテル従業員からコカ茶を進められ飲んだら気分がよくなりました。

「コカ、あのコカインの？」

地元の医師の話によると、コカの葉の主な成分は肺に酸素の吸収機能を高める効果があると言われ、先住民は長くコカの葉を常に口で噛んで唾液にまぜ、コカの成分を体内に取り入れて高地での体力を維持してきたようです。

コカの葉は、コカインに精製されて服用者を破滅に追い込む麻薬の原料になり、取り扱いをあやまると国民を破滅させかねない麻薬として我が国では厳重に管理されています。

今日では何故このような所に首都があるのか、不思議に思いますが高地は温暖で年中温度が一定で、蚊などの害虫が少ない、飲料に適した水が比較的豊富、山岳地帯を有効に活用すると多様な植物が耕作できる、などの理由からだったようです。今日の科学の進歩は生活に不適と考えられていたジャングル地帯を開拓し、大規模の農牧畜地等に変化させることを可能にし、やがて平地に首都を移転するようです。

今回の大統領選挙は、コカ絶滅計画派とボリビアの先住民運動最重要政策派（コカの葉はコカ茶として服用することによって、国民の健康を維持していると唱える）の二派が対立しています。

そして21世紀ＩＴ革命と、米国の一極支配の波に世界が洗われる中で先住民大統領モラレス氏が登場しました。

資源国有化などの政策から「急進左派」と指摘されがちですが、発言を注意深くきくと欧米によって破壊されてきた、伝統的な共同体を回復しようとする色彩がつよいようです。モラレス氏は日本の首相との会談で両国の共通点として「人と人が手に手を取って平和に生きる社会」を目指していると言っています。

8月制定の新憲法に、日本国憲法9条と同じ「戦争放棄」をもりこむ考えを示しています。欧米と異なる伝統を大事にしつつ、平和尊重や環境の面で世界の規範となる価値観を保つ国だと日本をたたえるモラレス氏の言葉は、憲法改正をもりこむことを目指し対米依存外交を続ける現首相に、どのように響いたのでしょうか。

未開人と文明人

私たちの祖先は昔、野山、川、海が生活の舞台でした。弓や矢を使って狩猟をしたり木の実を採集して縄文人は石器を使う生活をしていました。やがて大陸から稲の栽培が伝わってきて、定住生活となり村が出来て、弥生人の時代となり生活や集団の仕組みが大きく変わりました。

縄文時代以降、数千年間の人の物の考え方や技術の進歩や発展は、遺跡の出土品や地層を、科学機器などで推理し実践検証の結果、ある程度幾多の自然環境の変遷の様子や経過を時系列的に想像したり、確かめることが出来るようになりました。

裸族

アンデス山脈の東側山を流れているアマゾン川の上流地帯、やや平坦な浅瀬に裸族が生活しています。

川の浅瀬に丸太を組んだ高床式の造りの家で、陸上だと恐ろしい猛獣、毒蛇、アリやカの大群に襲われる心配が無いので生活が最も合理的で快適なのだそうです。

床は格子になっていてとても風通しが良く、部屋に壁はあるけれどしきり程度、屋根はしっかりした草ぶきで、強い日差しや毎日やって来るスコールから身を守っています。

約百年前、ゴムの樹液採集の労働者として戦前に移民した日系人は、今日、四、五世の時代を迎え、子孫の一部は裸族と生活をともにしているという話を実際に集落を訪問したり交流を深めているという、日系人一世の方から私が直接、お話を聞きました。

裸族は、狩猟と原始農耕生活を営み、原始共同体の集団生活で長老を中心に一夫一妻制形態を取っていて、性格は温厚で争いを好まない方々のようです。

性に対する考え方は、性は子供を作って後継者を確保し種族の維持と繁栄が主な目的でとても厳しく性道徳が守られているということです。

現代の日本人とはかなり違っているようです、文明人の性についての考え方は、興味本位の考えをする方が一部にいて、このような姿勢の認識では文明に対する妄想がおこり、文化の必要でない部分が変質的に膨らんだ異常な状態がみられるようになるのです。

日本で今話題になっている、援助交際や性風俗の乱れは残念な傾向と思われます。

この事実を通して、はたして裸族になった日系人の現状は人が進化したのか、退化、もしくは退行なのか、短い時間では人の進化や変化ははっきり現れないものなのかもしれません。裸族になった日系人は、一時的に環境に適応しているように見えますが仮の姿を見ているのかもしれません、とても不思議です。

ボリビアは物寂しい国

インティオの祖先は日本人と同じ黄色人種で、子供のころお尻に青いアザ（蒙古斑）がある蒙古系の血を引く60％以上がアイマラ族です。

昔アジア大陸と北米大陸が陸続きだったころ、アジアに住んでいた民族がカムチャッカ半島を通過した民族の一部が、農業をしながら移動して北アメリカを南下し、南アメリカのアンデス山脈山麓に定住した子孫です。

人類史上テイワナク文明のような優れた歴史をもちながら、インカ帝国はピサロに征服され、スペインに永い間支配され、厳しく搾取された影響もあってか、いまだに国全体が貧しく他国の支配から抜け出せないことはとても残念なことです。

近年10年の間に、１６０回を重ねる政変やクーデターを経験せざるを得なかった国情がありました。

チリとの戦いで国土は半分以下になってしまい、海に通じる出口を失ってしまいアンデス山脈とアマゾン川のは低地帯で囲まれた領地で、手足を失った状態のボリビアはこの間近隣の動きを常に気にしながら国は政治をしなければなりませんでした。

ボリビアに行くためにブラジルのサンパウロで飛行機に乗り換えました。「ロイド・ボリビア」という航空会社でしたが、名前だけは英国のという保険会社の名前を使っていました。

飛行機に乗って驚いたのは、英国の軍用機を改良した古くてとても小さな飛行機でした。

ジェット機でしたが飛行中終始ブルブルと震え、大きく揺れるとキシむ音がしてお互いに顔を見合わせました。

「ボリビア」の首都ラパスまで行くのに６０００メートルくらいの山を越えなければなりません。空気が薄いためか、飛行機の高度を上げられないのでアンデス山脈の尾根を縫うように蛇行して飛びました。

いったい整備は大丈夫だろうかとつぶやいたら、同僚が（落ちても保障はありませんよ）とすまして言いました。――もちろん冗談です――。

ラパス行きの飛行機は飛び立つと間もなく、ルパング島で30年間頑張った元日本軍少尉、小野田寛朗さんの牧場があるカンボグランデ上空を通過しました。

同行した同僚が眼下を見下ろし、小野田牧場を尋ねた時の事を話してくれました。サンパウロからバスで行くために１５００キロはあったと思います。途中「カステロ・ブランコ街道」と呼ばれるハイウエーを通ったとき、道路は上下八車線、約３００キロは直線の部分があり、バスの中から呆然として遥か地平線を見ていると、時速１５０キロで走っているだろうと思われましたが、何故かスピード感はほとんどありませんでした。

同僚の話では、小野田さんがルパング島から帰還して、間もなく北海道へ旅行したとき、バスガイドが「皆さん、この道は日本で一番長い国道の直線道路で27キロ続いています」と言ったそうです。すると乗客の多くが一斉にシャッターを切ったのを見て、日本は何と狭いのだろうと思ったと話していました。

ラパス川を通過するとボリビアの国である、ジャングルの低地にサンタクルスの町並みがみえ、サンファン、オキナワの移住地が整然と目に飛び込んできたのにはおどろきました。

無事にサンタクルスのエアポートに着陸すると、乗客全員は拍手をして万歳をしました。この町は戦前多くの日本人移住者が労働者として働いた所です。今もこの町の鉄道沿線には日系人が住んで一部の方はサンタクルスに移住しています。

かつて17世紀黄金の国ボリビアのポトシは、世界の銀の3分の2を産出していました。世界的な需要の高まりは、世界経済が銀本位制や金本位制に移行した為で、当時ポトシはアンデス山脈の山麓に発達した世界第2位の都市として反映していたようです。同じころ日本の石見銀山も世界有数の銀の産出地でした。

今年になって日本はボリビアのリチウムなどの権益を獲得しました。リチウムの使い道は幅広くボリビアは電気自動車の開発でリードする、日本の技術を期待しているとのことです。

アンデス文明の舞台はアンデス山脈の山麓地帯です。山麓地帯は年平均気温は20度ぐらいで朝、夕は肌寒いが日中は人にも動物にもとても快適な環境です。

テレビで見るインディオの方は、毛糸の帽子や山高帽子などをかぶって迷彩色のふろしきのようなものに荷物を入れて背負い草履をはいて山岳地帯の砂利道を往来しています。その姿をみて一見貧しい生活のように思いますが、文明人はよく発展途上国の人の生活は自然の中で自然に優しく生きているなどと簡単に言いますが、これらの表現は実態とかなり掛け離れています。

現在は生活環境の変化で冷蔵庫、クーラー、簡易浄化槽（細菌の力で大便などなどを分解して液状にする）などの発達によって、蚊が少なくなり細菌の繁殖も少なくなり疫病が飛躍的に減少しています。

近年山岳地帯の生活から平坦なジャングル地帯を開墾して町や村を作って酪農や、穀物を栽培する人達が多くなり、人口が急速にふえています。

このような地域の一つで私は仕事をしてきました。サンタクルス市はアマゾン川の支流リオグランデ川上流にある2つの日系人移住地は市の中心から100㎞はなれています。

戦後日系人が移住した50年前は10万人ぐらいだった人口が、現在１００万人強となり将来ボリビアの首都になるようです。

急速に人口が増加して都市化している理由は、日系人が移住して日本政府の強い後押しによって開墾して米や穀物、柑橘類、養鶏、牧畜などの農業経営の成功を、ボリビア人が見習って実践し、その結果営農や食生活を一変させたためです。その生活の変化は目を見張るものがあります。

貴殿は可愛相だ

「貴殿は死んだらどこへ行くのか私は心配している」と哲学を大学で学び現在サンファン学園の校長は真面目な顔をして私に尋ねました。私が驚いたような顔をすると、校長は話を続けます。

「あなたのように総明で高い知識をもっている方が、どうして神を信じないのか。いくら科学が進歩しても人の考えには限りがある。

いまだに人は自然の仕組みや働きの、ごく一部しか分かっていない。分かっているのは神のみでないのか。だから神は、人がわからないことを啓示してくれているのだと思うというのである」

広大で静かなアマゾン川、そしてジャングルの一角に住んでいると、時空をこえて無宗教の私を、何か力に背中を押されているような、超越した力があるかのような錯覚に、一時とらわれました。

ボリビア大統領が見た「伝説の国日本」

「私の人生の中で、あれほど素晴らしく宿泊できるなんて考えたこともなかった。本当におどろいた」

現、ボリビアのモラレス大統領は、都心の高級ホテルに宿泊しその豪華さと、もてなしに驚嘆したようです。

モラレス氏は先住民として初めてボリビアの大統領になった方です。

山岳民族の貧しいリャマ飼いとして育ち、兄弟の多くを飢えでなくし、干ばつを逃れてたどり着いたのはコカ栽培地域で、軍の強い弾圧を受けつつ正しい政治をめざしたのでした。

モラレス氏は、天皇とも会見しました。

モラレス氏は自らの生い立ちを語り「お目にかかれるとは、思ってもいなかった。光栄です」と何度も繰り返しお礼を言ったといいます。

モラレス氏がアイマラ族出身であることを語ると、天皇は「太陽の門をつくった民族ですね」と応じられました。

南米を歩いていると、時々「日本はすごいな」と褒められることがあります。

「インカなど中南米の先住民族は征服されたけれど、同じモンゴロイドである日本人は生きのこった」というのです。

ボリビア人は16世紀にスペインに侵略されました。それ以来、豊富な鉱物資源を輸出してきましたが国内産業は育たず南米の赤貧国として甘んじてきました。

一方日本は高い技術と勤勉さで、資源の乏しさを補い、欧米と並ぶ先進国として繁栄しました。16世紀スペイン、ポルトガル中心の大航海時代、そして18～19世紀の産業革命。欧米から起きたこの二つの革命の波に、日本も南米も洗われたのです。

インカ帝国の最後の皇帝アタワルパが侵略者に処刑されたのは１５３３年。南米は植民地となり、先住民は鉱山や農場で酷使されました。

日本も1549年宣教師ザビエルが訪れ、南蛮文化が流入しました。アジアでもフィリピンはスペイン領となりました。

黒船が来航した19世紀、アジアが植民地化される中にあって、日本は明治維新により近代国家の道を歩んできました。

南米諸国は同時期にスペインから独立しましたが、戦いを率いたのは現地生まれの白人で先住民は支配され続けました。

第4章　ボリビアでの講演

日本、ボリビア協会

サンファン移住地の日系人の方や一部の現地人の方を対象にして「日本の現状」という演題で、日本の教育や文化、経済について講演をすることとなった。

日本の援助で建てられた公会堂には、大きな扇風機が天井に何台も付いていて、風通しも良く、すがすがしい会場であった。

350名ぐらいの方々が参加され、開演を待っていてくれた。

資源のない国がどうして世界第有数の経済大国になったのか。

資源のない国が、世界の経済大国になっていることの不思議について、どのように考えたらよいでしょうかという、問題提起を兼ねた講演であった。

日本は天然資源が皆無に近い状態の不思議な国です。

無から有を作りだす為に、日本人は勤勉に働き学問や知識を身につける努力をして、外国から天然資源を輸入し、科学知識と技術力を応用し原料を加工して付加価値をつけて高度な工業製品を始め、いろいろな生活用品を生産し利益を得るという、加工貿易を実践し成果を上げてきています。

その結果、欧米、米国などと並ぶ工業先進国として繁栄を続けてきています。ですから、日本では科学技術振興のために科学教育には非常に力をいれています。

今日、日本の食料自給率は40％を切っていて60％は輸入に頼っています。先進国の中では、食料自給率がこのように低い国は他に例がありません。

日本の農業は技術が遅れていて、生産性が低いからではありません。貿易収支の関係で工業製品を多量に輸出するためには、鉄鉱石や農産物などを60％ぐらい諸外国からの輸入しなければ、国際貿易収支のバランスが取れないからなのです。

日本の理論や技術的に、世界最高の段階に達していると言われています。

それは単位面積当たりの収穫量。

自然を効果的に制御する方法。

この二つの物差にあてはめると。アメリカと日本の農業は世界で最高の段階にあると言われています。

今日、気象学者が推測する以上に、地球の温暖化は進んでいるのではないかという考えをする方が多くなっているようです。

地球全体で食料が不足する事態が、そこまで来ていると思っていたほうがいいかもしれません。

現在の日本は急速に物質文明が進行していて、その結果、社会の変化についていけない人が多数でてきています。

大学卒業者の半数、高校卒業者の三分の二が就職して一年以内に離職するという実態であったり、勝ち組、負け組等と単に人を色分けするようになりつつあるのが現状です。

利になろうとする利己主義者が台頭しているのです。

お金をもっていれば、なんでもできるという考え方で生活し、暮らしている人の割合が多くなる社会は、今後の社会の発展に良くなるだろうと思われます。


日本の良さは、国の中で生活していると良く分からないことが、外国に行って外から日本を見るとはっきり分かります。こんなに豊かで自由でとても繁栄している国は、世界では珍しいのではないかと思います。

例えば、豊かだという実感では普通の家庭ではもうこれ以上欲しいものがないというくらいの電化製品を始め日用品であふれている実態はよくこのことを表しています。

ある国から国土地理院の印刷工場を視察に来た職員に対して、日本の係員が日本中のどこでも欲しい地域があったら何枚でもプリントアウトしてあげますと言ったところ、視察団員は間違いではないかと驚いたという話をききました。

世界のどの国でも、他の国の方に見せたくないものの一つが精密に出来ている自国の地図です。それは国が秘密にしている場所が分かってしまうからです。

１９７３年に日本を襲った石油ショック、石油の値段が一挙に5倍以上になりました。多くの経済評論家は資源の乏しい日本の再起は不可能なのかもしれないと言いました。

余りマスコミでは有名でない、一人の経済学者が提案した日本再生の改革提案がありました。それは製鉄業の改革でした。鉄の生成過程では、原石を溶かしたあとに高温の熱が煙突を通して大気中に放出され逃げていってしまいます、この高温の熱の処理に大変困っていましたが、逃げていく高温の熱を再利用して発電することを思いつきました。

発電コストも安くエネルギーの再利用は経済効果も高く、やっかいな高熱が空気中に逃げなくなったので環境が改善されることとなりました。

この結果日本の製鉄業は再生し、世界の製鉄業の注目を集めることとなったのです。

今日までの日本の産業構造は、時代の変化とともに繊維、製鉄、造船、自動車産業と進化して、現在はエレクトロニクスの時代に向かっているようです。

日本のテレビを視聴していて、コンピューターとプロ棋士との対局で将棋のプロが破れ、将棋ファンの多くが驚いている様子をみました。

また歌って踊る女性型のロボットの出現で、多くのプロのダンサーが驚いているようすでした。

42㎞を無事に完走したロボット。ますます人間化が進み機械と人との関係が縮まった時代を迎えつつあるようです。

生活が便利になることと、幸せな生活ができることとは同じではないのに、あたかも同じであるかのように混同して考えて、全ての出来事を余りにも合理的な考え方で処理しようとしている傾向があります。

コンピューターの時代となり、エレクトロニクスの技術の成果であるロボット産業は、現在世界一です。ロボットは人のやりたくないことや、危険なことを人に代わって解決してくれますので、その業績はすばらしいものがあり、日本人の国民性や特性にあっているようで、想像もつかないような方面や分野へ発展し、その波及効果が期待され生産性が飛躍的に向上し、日本が豊かになる理由の一つになるはずです。

日本は最近、政治、経済、国の制度、産業構造、自然災害など過去の経験が通用しないような時代を迎えていて、つぎつぎと起きる事件や難題に、積極的に対応して新しい時代をつくる努力が差し迫っています。

そのためには新しい時代に即応することが出来る、有能な方の出現を多くの国民は望んでいるのです。

日本の今日、急激に進む近代化の中で環境の破壊も同時に進み、各種各様の産業で弊害がでてきていることは確かです。

この度の、東日本大震災を日本はどのように解決するか、世界は注目しています。

日本はこれまでに多くの大地震や津波などを経験していますが、万全な対策ではなかったことを反省し、この災害をバネに理想の復興につなげ、世界一安全な国を目指す為に大災害から学ぶことは大きいのです。

日本列島に住んでいる私たちは地震、津波、火山の三大災害から逃げることは出来ないのに、地震や火山について表面的な知識を学ぶだけで、高校の理科で地学を選択する人はほとんどいないという現実を反省しなければなりません。

日本は近代的な国家を目指して進み、近年目まぐるしく変化して国は豊かになっていますが、残念なことに一生懸命に日本人は働いて、身の回りの環境を破壊しているような状態もみられ、環境破壊が弊害となって問題化しています。

将来について私の見るところでは日本の自然は急速に復元し、その結果日本の農業や自然環境を求め、とくに山々を覆う森林資源に感動して世界中から訪れる人々がふえ、やがて東洋のパラダイスとして輝くのは夢ではないように思われます。

一部の人たちの間で日本人を、エコノミックアニマルとあだ名で言う方がいますが、一体どこがそうなのかと、気づいていない日本人が確かにいます。

一次産業にたよらなくても、経済は一時的には肥大化するけれど、投機は（ゼロサムゲーム）と言われるように、誰かがもうかれば誰かが損をするのだから儲かったとしても新たな財産ができたことにならないのです。

今日、日本の文化は日常の生活に直接影響するような新しい文化が台頭し、世界中に広まりつつあります。

ハイブリッドカー、電気自動車、圧縮空気で走る自動車、太陽光発電、風力、潮力発電、地熱発電、水素電池、ロボット、コンピューター、BSテレビ、デジタルカメラ、リニアモーターカー、カラオケ、アニメ、インスタントラーメン、回転ずし、てんぷら、醤油、味の素、世界の国々の多くの人が、日本は地球のどこにあるか分からない方でもしっかりと知っているのが驚きです。

　自動車について言えば最近、次世代の車は電気自動車になるはずです。構造が簡単で、燃料効率が良く（カセット式の電池）、私も試乗しましたがとても快適でした。今の所、問題点は高性能の電池の開発です。

　なぜ、日本人は優れた工業製品や文化生活に必要な商品を開発出来るのか、その秘密はどこにあるのか多くの国の方は解明に努力しているようです。

　一見してクラゲのような、モヤシのような若者が増えてきて、不思議に思われる方がおられると思いますが、本質は決してそうではないのです。

　石油がなくなれば世界は大混乱するかもしれないれど、日本人は科学の知識や技術を身につけている方が多く国民全体は勤勉なので、日本が今後消えてなくなることは無いだろうし、今より良い生活をするかもしれません。

　工業を発展させるのに最も大切なものは、独自の加工貿易の原型をつくる知恵が一番大切なことは言うまでのないことです。

昔は資源だけあれば工業はどんどん発展すると思われていましたが、今日では違ってきています。

工業を発展させるのに大切なものは、やる気のある労働力や優秀な人材がなければ発展していけないのです。

今日の日本はこのことが可能で、確実に実践しているのです。

日本人で不平を言う方の多くは、間違って世の中を見ている方だと思われます。

考えが変われば行動が変わり、生活が変わることを青少年に理解していただくことが大切で、いろいろな方面に目を向けて、目的をもって努力することの大切さを分かってもらうことです。

私たちは、ボリビア共和国の日系人の方々に何を貢献できるでしょうか。何を手助けできるのでしょうか。

日本固有のものとして何を残せるのだろうか。私たちは欧米的でない日本固有の文化や知的財産を参考にし、国をつくっていただければよいのではと思っています。

日本は過去、世界の強国を相手に戦争をしました、アジアの諸国が欧米の植民地として支配される中にあって、欧米文化に関心を持ちながら、日本の伝統や文化を大事にしながら、我が国はアジアの諸国のなかで世界の模範となるよう、高い理想をかかげて進んできました。

米国の黒船が来航して開国し、以来積極的に西欧の文化や技術を取り入れながら外国から支配下されない独立した国として今日を迎えています。

南米の諸国の方々やボリビア共和国が、一番関心をもって欲しい知恵もこのことではないかと思うのです。

現在、我が国は財政的に余裕のある状態ではありませんが、国民が納得し理解してくれる範囲での支援となります。日本の高い技術力と勤勉さを参考にし、資源を有効に活用して貧しさから脱出し近隣国と並ぶ繁栄をしていただきたいのです。

日系人移住者の方々は、ボリビアの地域や国づくりに大きな原動力となり、現在その実績をボリビアの国民から高く認められつつあるのが現状で、今後の発展に日本の支援がますます重要になってきています。

日系人社会が今日不可欠な事柄を、支援、援助し橋渡しをする努力が非常に大切なのです。

世界に自慢できることのひとつに、いま世界中で注目されている日本のサービスがあります。

日本のデパートでは商品について、何でも店員の方に聞けば即座に詳しく説明してくれて、お金の受け渡しまですべてやってくれます。

日本で行われているお客様の立場にたった、精神誠意で接客しようとするきめ細やかなサービスの良さが、日本の商業活動を成功に導いていて、世界中で日本流の接客革命を起こしている理由であるのかもしれません。

ボリビアで生活してみて日本のスーパー、コンビニ等ですばらしいサービスに驚き、とても感心しました。

日本にいたら当然と思っているようなことでも、世界に出てみると日本の企業の実力が良くわかります。

今後も世界に出ていく場合、日本式のサービスの特徴を生かし商売をしていけば、成功する確率は高く未来は明るいと考えます。

ボリビアの日系人移住者の一世の方々は、日本での生活の延長のような感覚で現在まで生活してきたと思います。

また、今後も日本の文化を継承したような生活をしようと考えていると思います。

二世以降の方々にとっては、ボリビア共和国で生まれ豊かな歴史や文化、自然環境等から受けた教育をもとに、物の見方、考え方が日本文化継承派との違いが一部ですがかなりあるように感じました。

今後どのように共存していくか、巨大なボリビアの歴史の中に飲み込まれないように、ボリビアの社会の仕組みや実態をよく理解して、実際の行動がボリビアの方々の人権を尊重し、尊敬されることが大切だと考えました。

今日ボリビア移住地は入植50年を迎え、多くの世帯主が老齢期を迎え世代交替の時期を迎えています。日本で生まれ教育を受けた一世と、ボリビアで教育を受けた二、三世の間にものの考え方や生活態度、人生観の違いが出てきているのは当然のことかもしれませんが、人生観や意見が対立している場合、お互いの考えの立場にたって相手の考えを封じ込めないよう、相違点をどのように理解していくかが今後の問題です。

良い考えとは、正しい答えが見つからない問題に直面した場合、解決の仕方によって結果が大きく変わってきますから、良く考えた対応が大切です。

このような状況にあって、新しい歴史を作りつつ文化の融合が進行する中で、日本の支援が共存の在り方を考える上でお役に立つと考えます。

今後両国の関係は工業や農業の分野等で協力、共栄共存が成り立つような道を歩む必要があることは言うまでもありません。

とくに農業牧畜の振興には、日本人の知恵や技術を生かした科学的な経営を思索し実践することは今まで以上に重要課題とすべきでしょう。

移住地の大多数の方々は、日本は大切な祖国であり、考えのよりどころとして日頃生活しているように感じました。

日本の一部の若者のようにあまり勉強もしないし、稼業を手伝うこともほとんどなく人生ほどほどがいいなどとうそぶいている生徒や若者がいることは、今後の日系社会の発展に支障をきたすと心配している方がおられました。

今日まで一世の努力で築き上げた移住地は、日本では必ずしも豊かな生活ではなく、むしろ貧しい生活の中から裸一貫で海を渡り、日本人の勤勉さと真面目さや正直な行動がボリビアの皆さんに高い評価を得ることが出来つつあるのです。

日本は移住者に対して今まで援助や支援をしていますが、移住者の方は正しく捉えているでしょうか。

日本が日系人移住者の方々に対して、何でも面倒を見るのが当然と考えている方がいるとしたら、現状を正しく認識し、この考えは変えなければなりません。日本が支援、援助をするのは、日系人の方々がボリビア共和国で住みやすい移住地や国づくりに貢献する飛躍のための原動力として、活用していただきたいのです。

日本人の活躍

南米を歩いていると日本はすごいと、よく褒められました。地球上でラテンアメリカの地域ほど、日本が各国、地域で生活の場を求めて活躍しているところはないでしょう。

ボリビアを始め、ブラジル、ペルー、メキシコ、コロンビア、アルゼンチン等、ここは地の果てで、日本人はいないだろうと思われる南極の入口の島にまで日本人が生活していました。その行動範囲の広さには、本当におどろきました。

三、四世まで含めると、130万人の日系人が住んでいます。ブラジルに行くととても強く日本色を感じます。

現在日本にあるものは食べ物、衣類などのほとんどのものが全部そろっています。

特にサンパウロ市には、日刊の邦字新聞、日本映画の常設映画館、軒を並べる日本人町の飲食街に行けば、日本酒、焼き鳥、もりそば、ラーメン、豆腐、納豆、モヤシ、シイタケ、赤飯、餅等何でもありました。

寿司屋のネタはすべてブラジル産です。私の気のせいか日本で食べたネタやシャリ（日本で栽培したコシヒカリ）よりもっと新鮮でとても安く、現地人の従業員の方がとても礼儀ただしく親切なのには驚きました。

市場に行くと、日系人が苦労して日本から持参した苗を育て栽培することに成功した柑橘類、ぶどう、柿、林檎、桃、栗などが並べられて売られていました。試食して見るとても美味しくて感心しました。

最近ではウナギの養殖に成功し、かば焼きまで出現し食通の称賛をえていました。

現在、南米でないものは、マツタケ、海苔、ハマグリ等の養殖ぐらいだと言われ現地の人々から日本人の旺盛な研究心は尊敬されていました。

現在、日本人の移住地はブラジルが最大の規模ですが、ボリビア、メキシコ、アルゼンチンなどにも小規模の日系人社会が何カ所もあります。それぞれの国で各種各様いろいろな方面で活躍し立派な業績を残しそれぞれの国の発展につくしています。

キューバの海岸にIさんという日系人が住んでいまして、ヘミングウェイに釣りを教え、釣の魅力や醍醐味を伝授しました。彼はIさんと親密になりIさんをモデルにした『老人と海』という名作を残しました。

ボリビアの奥地でチェゲバラが率いる革命軍に身を投じて、殉職した日系人の医師のことはあまり詳しく日本人に伝わっていないことがとても不思議です。

旧帝国海軍の軍艦から脱走したまま、日本語を忘れてしまいウルグアイ国に一生住んでいた日系人のKさんなどは異色の方だと言えましょう。

ペルー国のリマには、大実業家で世界的な考古学者の天野芳太郎氏がいます。

昭和の初期からパナマ、コスタリカなどで活躍し戦後は裸一貫でチリ、ペルー、ボリビアなど南米の各地で事業に打ち込み、またインカ文明解明の研究に没頭し発掘した遺品を展示している天野博物館のコレクションは、世界的にも有名です。また実業家として学術研究の考古学とを両立させて、ペルー政府の厚い信頼を得ています。

リマを訪問するときの最大の楽しみは、天野氏の関係者からインカ文明についての話を聞くことでした。

天野氏の生き方も非常に変わっていて、宝石商で財を築きましたが男子一生の仕事でないと考えて、今は大規模な牧場を経営し毎日セスナ機を飛ばして数万頭の牛を飼育販売して夢は果てしなく大きく発展しているのには、驚嘆せずにはいれませんでした。

天野氏は日本政府からの叙勲を辞退しています。その理由ははっきりしないけれど勲章に値する仕事を彼はまだ、していないと考えているようです。とても頭の下がる思いのする行動です。

戦後の日本からの移住者の中にはとても優しく、たぐいまれな生き方をしている何人かの方がいます。

コロンビア国で、エメラルドキングと呼ばれている河合誠一氏もその一人です。日本から移住する方の多くは、なるべく日本人の多くいる国に移住しようと希望するものですが、河合氏はあえて日本人の最も少ない国に行きました。

当時エメラルドは宝石の国際的な適正価格が統一されていなかったため、とても業界は混乱していましたので国際基準を導入し、適正価格の取引を確立してコロンビアを世界一のエメラルドの輸出国に成長させました。

南米で活躍する日系人の成功は、欧米で活躍する日系人の人達より数が多いと言われています。

このことは同じモンゴリアンという関係に起因するのか、同族意識的なものが間接的にはたらいて信頼関係を深め、良い関係を作る要因になっているのかもしれません。

このような現象は、ヨーロッパや中近東地域などとは全くちがった傾向を示しているようです。

一方、この考えと似たようなことがあります、国の関連機関で勤務する職員たちの処遇です。ラテンアメリカやアフリカなどに勤務している職員は、近年の規則改革で大幅に改革は進んでいるようですが、まだ地域によって優遇、不遇、栄転、左遷などと格差がでないようにしなければなりません。

狭い視野によってとらわれないようにして、中南米で活躍する日系人のように、厳しい条件の中でも強く、逞しく自分たちの社会を開いていこうとする謙虚な考え方と実行力が大切であることは、言うまでもありません。

日本人ボリビア移住１００周年

日本人のボリビア移住は１００年前で（１８９９年）、佐倉丸でペルーに移住しました。７００名あまりの日本の移住者の、一部90名あまりはペルー国の砂糖きび農園での苛酷な労働条件に耐えられなくて、新天地を求めてアンデス山脈を越えてボリビアの天然ゴム農園に職をもとめました。

この中の大部分の方はボリビアへの定着にも失敗し、再びペルーへ戻りましたが数名の方がボリビアに残りました。

その後年を追うごとにペルーから帰ってくる日系人が増え、日本人移住地の人口が段々増えました。

当時日本とボリビアの間には、外交関係が樹立していなかったので、移住者は営農や生活の上で筆舌につくし難い苦悩の道を歩むこととなりました。

1999年初期開拓者の遺徳と業績を称えて、ボリビア共和国日本人移住地では移住100周年を行いました。

なおボリビアへの移住は、第二次大戦後政府間の移住協定締結によって、サンタクルス州のサンフアン移住地とオキナワ移住地が作られました。

これらの両移住地は今日50年経過し、半世紀の間に素晴らしく進歩発展しその変化には注目すべきものがあります。

日系人の経営によるボリビアでの農牧畜業への貢献は、移住地内の規律や教育、科学的で合理的な農協組織など、ボリビアの政府や国民から称賛されています。

私がお会いしたボリビア人の方が、現在学びたい国として米国やスペインではなくて日本だという話を多くの方々から聞いて少し驚きました。

ボリビア人の多くの方々は、日本に研修にきたくても経済的にまたは日本語の能力不足などで実現しない人がたくさんいます。

スペイン語を国語とする、ボリビア人にとって日本語は近くて遠い言葉であるように感じましたが、表音語と表意文字の違いだけでなく日本語は想像以上に理解しづらい言葉のようです。日本への招聘に当たっては、日本語能力検定試験や論文試験などを参考にして人選しボリビア人の期待にこたえることが大切です。

日系人社会やボリビア政府、国民に対して今後どのように支援していくか見通しをもった啓発をすべきでしょう。

ボリビアの日系人社会の移住地は現在数箇所あり移住60年を迎えています。

今から2年前に、ボリビアの有力紙（フレセンシア社）が数百名の読者を対象に、貴方は今日の世界諸国の中で、一番信頼出来る国はどこの国だと思いますかという質問のアンケートを行った集計の結果によると、（ある程度予想されてはいましたが）日本が1位

56％、2位がメキシコ、3位がキューバ、次は隣国でボリビアと最も関係の深いブラジルとアルゼンチン、米国は最下位でした。

アンケートの結果とは言え地球の反対側にあり、歴史、文化、言語も違い、人の交流も決して多いとは言えないボリビアの国民から、日本が何故これだけ高い信頼をえているのか不思議な気持ちがします。

このアンケートが示しているように、ボリビア人の日本人に対する、良い印象や親愛感の理由は、いろいろな要素が考えられますが、多くの方は次のような事柄ではないかと考えているようです。

第一の理由は、過去100年あまり日本人移住者がボリビアの社会に残した足跡です。今世紀初頭から第二次世界大戦まで、初期入植した移住者は苦難を重ね定着までの経過は勤勉、正直、忍耐、努力をつづけ日本人の生き方の多様性をボリビア人に強く、印象づけ驚いていたといいます。

第二次世界大戦後の移住は、日本国民の食料難の解消と、沖縄県民の農地が米軍の基地用地として接収されたため農民の代替地確保のための日本政府の強い主導による移住計画のもとに、ボリビア国サンタクルス州にサンファアン、オキナワの二カ所の日系人移住地が建設されました。

移住された方たちは、色々な職業や業種の方で構成され、多方面の技術をもっていて探求心、英知に優れ団結力に満ちた集団として、極めて短い期間に南米のジャングルを豊かな農牧畜の土地に改良し、その成果はボリビアの農牧畜業を飛躍的に改善する原動力となり生産、流通、販売網ばかりでなく生活全体の改善を進めつつあります。

このような日本人移住者の卓越した英知と人間的な魅力、貢献を高く評価しています。

第二の理由は、日本のボリビアへの経済援助や協力はボリビア全土9つの県の地域開発、農牧畜、養鶏、果樹栽培教育、医療、上下水道、環境衛生などの分野から道路、空港などのインフラ、地質調査、遺跡保存といった産業の構造、人間生活の基本の面まで及び日本の協力は米国と並んで強い支援を得ています。

米国の援助が麻薬撲滅を最重点としているのに対して、我が国の援助は貧乏追放を国是とするボリビア政府の行政の後押しをしていることです。

我が国は民間主導の色彩の強い協力で、ボリビアの国民のニーズにあった色合いが強く官民から信頼され期待されている理由だと思われます。

その他の理由としては、中南米のみならず世界諸国において認められている共通な点は、日本の工業製品の品質が優れていると言うことです。

ボリビアでは自動車、産業機械、家庭用電化製品、コンピューター、エレクトロニクス等のほとんどすべてが従来は米国製でしたが、近年あらゆる業界で日本の製品に置き換わって使われています。

ボリビアで極めて印象的であったのは、乗用車、トラック、バイクなどの9割方が日本製でした。車体には○○市役所　○○雑貨店　○○株式会社など固有名詞が大書きされた車が日本で使用していた状態で往来していました。

聞くところによると、日本製の車に乗っているということは、とても自慢なので価値あるあかしとしてネームは残してあるのだと言っていました。

戦前の移民は今から100年あまり前、ごく一部の民間人で進められました。

1914年アメリカの自動車王フォードが、流れ作業システムによる自動車の大量生産に成功し、自動車産業が急速に成長発展しました。

自動車に不可欠なタイヤは当時天然ゴムを使っていました。原産地であるボリビアの重要性が急速に高まり、その結果として勤勉な日本人が天然ゴムの採集労働者として適任だと評価され日本政府の支援や援助の全くない状態で、民間の一部の有志による移民が始まりました。

移民した勤勉な日本人は、昼夜をいとわずゴム液の採集に努めアメリカの資本家やボリビアの人々はとても驚いたようです、労働に対する報酬も一時高額を得ていてとても良い生活をしていたようです。

当時ボリビア国の人々は日本人をとても高く評価していて、信頼、尊敬の念は国中から注目されていたそうです。

その後、ヨーロッパ人のプランテーションによるゴムの人口栽培が東南アジアで成功し、人工ゴム園の急速な発達は、ボリビアの天然ゴムの需要を衰退させてしまいました。その結果多くの日系人移住者は働く場所を失い、困窮にあえぎ生活を立て直すために生活の場をジャングル開拓に求め、とても苦しい生活を余儀なくされました。

見かねた日本政府は、生活困窮にあえぐ移民者の最悪の状態に苦慮して、戦前の移民は全面中止としました。移民した人達は現地のジャングルに置き去りの状態となり、日本政府は棄民したとささやかれました。

戦前に移民した人達の子孫は現在四、五世になり、ほとんどの人はジャングルを流れるアマゾン川の流域で原住民と同じような生活をしているようです。

その中のごく一部の方は裸族（裸族はなぜ着物を着ないか、高温、多湿で年平均気温の一定している地域では、着物を着用しない、高床式の住所生活方は生活しやすい）の部族と合流して原始共同体のような生活をしているようです。（戦前の移民した人の子孫の方に対して現在日本政府の援助は一切ないようです）

戦後の移住

米国、中国、ボリビア国が戦後日本の復興に援助、支援をしてくれましたが、賠償を要求しませんでした。とくに米国とボリビア国は戦後ララ物資として医薬品などを援助してくれました。

戦後の移住は日本政府が中心となって、戦後日本の食料不足や生活困窮にあえぐ日本の実情に同情しました。ボリビア政府は戦前日本人が天然ゴムの採集に見せた旺盛な勤労意欲や、誠実さに深く感銘していたので、日本の食料不足を補う為に広大なアマゾン川流域のジャングルを開拓して農畜産業の振興をはかり日本の食料不足を解消するよう強くアドバイスをしてくれました。

この提案に対して、日本は政府サイドで移住を積極的に促進することとなりました。

ボリビア国サンタクルス州（日本の面積と同じくらいの広さでほとんど山のない平坦地で熱帯ジャングル地帯がある）はアンデス山脈の東部に位置し、州都はサンタクルス市（日系人移住の50年前は20万人くらいだった人口が現在１００万人くらい）で目覚ましい発展をとげています。

年平均気温は高く、水資源、森林、鉱物資源が豊かな州で、殆んどがジャングル地帯の平坦地です。

アマゾン川上流の山麓地帯にサンフアン、オキナワの二つの移住地は今日移住地の周りには日本人の営農方法をモデルにして、農業集落が点々とコロニーを作りボリビア国の農業の発展の中核になっていることは心づよいことです。

第5章　小説　シリウスに愛を

1　少年時代

北海道のほぼ中央に位置する富良野。芦別道立自然公園は、北海道の背骨にあたる日高山脈中にあり、富良野市と芦別市にまたがっている。

富良野市の西側には芦別岳がそびえ、山中には日本では珍しい氷河が作ったカール地形が見られ、地質学では珍しいカンラン石からできている地層があり、約80種あまりの高山植物が自生している。

また珍しい動物も住み、自然の宝庫として大切にされている。

昔ユーラシア大陸と陸続きだったころに、渡ってきた氷河時代の生き残りであると言われる鳴きウサギは、太古の姿で生息している珍しい化石動物で、体調は20㎝くらいの小柄で、北海道で良くみられる蝦夷リスを少し大きくしたくらいで、時々鳴く声がウサギに似ているのでこの名前がついたのだろうと思われる。

鳴きウサギは冬眠をしない動物なので、秋のうちに、木のウロや土中に穴を掘って集めておいた木の実や枯れ草などを貯蔵し、北国の長い冬の間に少しずつ貯食したものを、計画的に食べて飢えをしのぎ、春を待つという賢い生活をする動物である。

貴重な動植物の種類が多いので、研究者や愛好家など多くの方々が訪れる。

晴れた日には富良野市の東側中央には、大雪山連峰の秀峰十勝岳、旭岳、北鎮岳、美瑛岳、富良野岳の山並みがくっきりとそびえる雄姿や、気象によって、変わる噴煙の変化を遠望し、訪れた皆さんは自然美がもたらす絶景に四季の移ろいを実感する。

富良野市は北海道の中心部に位置する為か、内陸性の気候である。

夏はプラス30度、冬はマイナス30度ぐらいまで気温がさがり日較差、年較差の大変大きな地域である。

冬はウインタースポーツが盛んで、特に多くのスキーヤーが全国からスノーパウダーの雪質を求めてゲレンデスキーや冬山登山に訪れる。

夏は登山やゴルフなどの野外活動を森林浴を楽しむために、多くの方々が訪れる。

また食材も豊富で、富良野特産のふらのワイン、ハム、ソーセージ、メロン、アスパラ、ジャガイモなどが美味しく、豊かな自然の贈り物に求めて訪ねる皆さんが、美味を堪能したり特産物を買いもとめる。

季節になると、ひまわりやラベンダーの花は目を楽しませてくれたり、油性は香水や食用油として、香りは心を癒してくれる。

富良野のすばらしい自然の息吹に、感動する観光客で年中にぎわっている。

※

二人は家を出た。吐く息はすぐ凍って白い煙となって漂った。

太陽が照らす方向に目を向けると、晴天の空には絵にかいたような大雪山連峰の景観がワイドに連なる山々が荘厳な雰囲気をかもしだしていた。

十勝岳の安政火口丘から吹き上げる噴煙が厳冬の陽光には映える遠望は、何か心が洗われるような緊張感がただよった。

空気は氷点下まで気温が下がると、水蒸気が結晶になって、空気中を漂う場合がある。

晴天の陽光が氷にあたって、乱反射する現象をダイヤモンドダストと言い、富良野地方の冬の風物詩のひとつである。

また、空気中の水分が結晶になって、エゾ松などの枝に付着した状態は樹氷と言い、周囲が白銀に埋め尽くされた一角が、ダイヤモンドをちりばめたツリーのような輝きで、言いようのない美しさと、まぶしさは童話の世界に入って、メルヘンの世界に誘われたような雰囲気をかもしだした。

少し息苦しさを感じながら二人は家を出てから数時間かかって、やっと芦別岳山中にある海抜８００ｍの北の峰山頂に到達した。

北国の真冬は、日暮が早い。午後3時が過ぎた茜の空に、太陽は沈み始めようとしていた。気温は急速に下がり、厳冬の澄み切った大空にはとても美しい星々の輝き、星影がさえて見えはじめた。

冬は季節風の影響を受けて、空気が澄んでいるためか星の輝きがとても美しく見える。全天を見渡すと北の空には北極星が、その右上には赤く大きく輝く火星が彩りを添え、無数の星の集団をぬって、天の川の輝きはミルクウェイの名にふさわしく、星ぼしが大空を流れているかのように思われた。

南の空には最も明るく、いつも見えている一等星の恒星（シリウス）は青白い荘厳な光を一際強く放って今日も輝いていた。

シリウスは子供の頃から一番星といって、最も親しみのある星である。

何故かこの星は、いつまでも二人のこれからの人生を励ましてくれたり、導いてくれるのではないかとさえ思われた。

富雄「さあ、今日はとてもシバレルので暗くならないうちに家に帰ろう」

滑り始めるとスキーはみるみる急加速度がつき急斜面をすべり降りた。

ちらりちらりと揺れて見えて、眼下にせまる街の灯火が、見る見る近づいてきた。

力強く進む蒸気機関車が機関庫から出てきた。吐き出す白煙が棚引く方向を目指し必死になってストックを力強くついた。

急に粉雪が大量に舞いちり、前方が霞んでほとんど見えなくなり、息が止まりそうになったが夢中で滑空を続けた。

気を取り直すと、遠くには大雪山連峰の稜線がくっきりと浮かびあがっていた。

山頂まで登るのに4時間かかったのに、下りに要する時間は2分30秒くらいで、つかの間の空中散歩のような時間だった。

出発した地点に到着した時は、全身がすっかり冷えきって、ストックを握った手の感覚は鈍り、滑走をやめたのに暫くは膝ががくがくして止まらなかった。

吐く息は白く、凍てつく2月の夕暮れであった。

雪子「やっと着いてとても安心しました。心も体も軽くなったような気持ちです。

今日はパウダースノー（気温の低い時に出来る粉雪）で雪質が良くてとても滑りやすく絶好のスキー日和でしたね。

二人でスキーを楽しめるのは、今日が最後になると思うと言い知れぬ淋しい気持ちです。

明日はいよいよ卒業式です、これからのことを考えるととても複雑な気持ちです。

今日お帰りになったら南米への移住の了承をお父さんにお願いしてください」

富雄は帰宅し夕食後、ローソク送電の薄暗い電灯の下で、いつ話を切り出そうかとイライラしてタイミングをまっていた。

すると、ローソク送電が終わり、パッと部屋の中が明るくなった、富雄は不安な気持ちだったが勇気を出して、何とか認めてくれるよう父母に時間をかけて説得し、了承してくれるよう必死になって訴えた。

父「そんなに急ぐ必要はないのでは。とにかく大学にいってしっかり勉強し知識を高め充実した青年に成長してからでも遅くないだろう」

父はそう、強い口調で諭すように話した。

父「青春時代は思い悩むのが特徴だが、とにかく大学卒業を目指して頑張ることが、今のお前に取って一番大切なことであると思う。青年時代に人生について悩むプロセスは、個人や程度の差があっても大体にたようなものであるだろう」

この話を聞いた富雄は、自分の考えを無視され、違った考えのように思われたが、次の日冷静になって考えて見ると父の考えは賢明のようにも思われた。

父にしてみれば戦後直後は小学校を終えて、新制高等学校に進学する者はクラスから数人であり、現在のように希望すれば、進学できるというような時代ではなかったので、少数精鋭のような傾向にあった。

さらに、高校を卒業して大学に進学するのもクラスで数人で、卒業すると（学士）となり有利な職場に就職できる時代だったのである。

親の教育程度や教育社会的に高い地位の家庭の師弟は、親は自分たちと同じ道を歩ませるべきだと言う考えが一般的な風潮であった。

その結果少しでも良い学校に入れ、教育を受けさせ卒業したら一流の商社や企業に就職し、エリートコースを駆け抜けることが、保証されているという風潮があり、子供を大学にいれ卒業させることに、誇りをもっている父母が多かった時代であった。

富雄の父は教師であり戦前は児童、生徒に対して「アメリカ、イギリス」は悪い「打ちてしやまん」「大君の辺にこそ死なめ」と教えてきた。

この考えは1945年を境にして、全面的に考えを正すこととなった。

今まで自信をもって教えたり、指導してきたことすべての言動は誤りで間違っていた。「今後改めます」では、当時の風潮として簡単に多くの父兄が理解してくれるような状況ではなかった。

昨日までと違った言動を取らなければならない立場におかれていた。

教師集団の大きな変わり方に、父母も、児童も、生徒も驚嘆し、一部の父兄は懐疑的な目で見る方が少なからずいた。

多くの教師や、教育関係は180度転換した、社会の仕組みにほんろうされ、倫理観や道徳の規範を今後どのように考えて、行動すべきと言うことに苦しんでいた。

父は、日頃心を開いて何でも屈託なく相談し、とても信頼してきた同僚の教師が急に今後教師を続ける意欲がなくなり敗戦の重圧を受けとめて郷里に帰って農業に従事するという話を聞いて、呆然となり先が真っ暗になった。

同僚の身の処し方に、とても強い憧れや関心が抱き、羨ましささえ感じずにはいられなかった。

だが現実の生活を考えると、この苦しさに耐えることだろうと考えた。

いま自分のおかれている厳しい現実を考えると、これからの自分を時代の変化に合わせて大きく変えなければならないとつよく感じた。

そのためには、物もなく、心の荒廃している現実を改善するのは教育の力だ、もっとも大切なことだ、と自分に言い聞かせた。

反省を生かして、明日に通じるしっかりした考え方、生き方、行動力で子供を育てることこそ、今日の日本の教師や教育関係者に、与えられた課題であろうということがはっきりしてきた。

これらの考えは自分を勇気づけ、今後教師を続けて貢献することが、最善の方法でないだろうかと信じて、教師を続ける決意をしたに違いない。


富雄は父との話の結論を、電話で伝えた。震える手の振動が雪子に伝わっているように感じ、雪子の困惑した、緊張した顔があたかも対面しているように浮かんできた。

翌日、雪子は思ったよりすがすがしい顔で自分の意見を話した。

雪子「お父さんの考えもよく分かります。意見が対立している場合、お互いの考えを一つだけとりあげることは、もう一つの考えを封じることになります。

お父さんは、大人の考えで私たちの遠い将来を見通した大切な意見だと思います」

富雄は、人生にはとても不思議なことがあるものだと思いつつ、現実を認めなければならなかった。

勝手に進路を選択する余裕はなかったのである。

まもなく雪子の一家は夢に向かって、再会を信じて南米へと旅立つ船に乗った。

2　不思議な出会い

講演を終えてほっとして、足早にホテルに向かっているとき。

「失礼ですけれど、富雄さんでないですか」と体格のよい貴婦人に呼び止められた。

雪子「おわかりになりますか、雪子です。

本当に驚きました、思いがけない端正な貴方の姿に接し、素晴らしい内容の講演を聞きながら本当に、現実のことなのかと何回も目を疑いました。

今日これからの予定はありませんか。

お聞きしたいことや、お話ししたいことが沢山ありますので時間を戴きたいのです」

富雄「今日の仕事は全部終わったので、時間があります」

異国の地でとても、親しく接してくれる雪子に親近感を感じた。

貴婦人は一見日系人にはみえなかったが、長い間の生活環境による変化なのだろう。

呆然としていた富雄は、我にかえり見つめなおした姿はまさに雪子であった。

雪子「カフェでゆっくりお話をしましょう」

草葺屋根のカフェは、異国情緒の漂う外観だったが、昔の日本の街道筋にあった茶屋もこのようだったろうと、どこか懐かしい感じがした。

ああ、ここは南米なのだなと思った。

店の中に入ると日本の喫茶店のような、とても清楚な感じのする室内であった。

インディオの店員が、ニッコリ笑って番茶のようなコップに入った飲み物を置いていった、水滴のついたコップを取って一気に口にした。今まで飲んだことのない味の飲物だ。

けげんな顔をする富雄に雪子は「コカ茶です」といった。

富雄「エッ、日本ではコカインの入った飲み物は市販されていません」

雪子「ボリビアでは、薬効効果があり合法なのです」

二人は藤の椅子に腰を下ろし、ゆったりとくつろいだ。永かった半世紀近く交流することはなかったが、いま時が動いて互いの存在を確認し、錯覚にとらわれたように顔をみつめあった。

暫く不思議な沈黙の時間が過ぎた。

富雄「今まで抱いてきた大切な問題を、解決できないまま苦しい思いで時はすぎました。偶然に迎えたまれにみる今日の出会いに、戸惑い驚嘆した。あまりにも不思議な出来事に驚き、心は躍動しています」

雪子「私は地球の裏側で遠いとおい日に、春になると丘に咲くバッチワークのような花ばなに囲まれ、冬は雪の舞散る厳しい大地の富良野で、少女時代に体験した素晴らしい思い出を忘れることなく、今日まで生きてきました。

この地で牧場を経営していました主人は、私と一人息子の長男を残して20年前に急死しました。

現在は長男の経営する牧場で、毎日何ひとつ困ることのない環境のなかで、優しい家族に囲まれて悠々自適の生活を送っています」

やがて富雄は、流れるような口調で長かった時の流れを話し始めた。

富雄　私は貴方との約束を守ろうと、必死に努力しましたが次々に有形無形の形での障害が立ちはだかり、半世紀あまり時はたんたんと流れました。

貴方との約束を守れなかった理由をいま、時系列で詳しくお話しすることは出来ませんが、今までの生活の経過をごく簡単にお話しすることは出来ます。

貴方もご存じのとおり、日本は１９４５年アメリカを始め多くの対戦国に対して無条件降伏という結果で戦争を終結しました。

その結果、日本人は衣食住に事欠く状態となり、最低の生活をすることを余儀なくされました。

国民の心は荒廃し、多くの方々が目標を失って惰性で生きるような、自暴自棄の生活を送る人々が多発する傾向にありました。

しかし良識ある国民の多くの方は、このような実態を立て直すためにはどのようにして国を再建したら良いのだろうかと苦悩しました。

私の父や、同じ考えをもった同僚や仲間は、戦争体験を通した苦しい反省に立ってこれからの日本の国は、教育の力によって国を立て直すべきだと決意したと思います。

父は大きな夢を私に託し、教育者の道を歩むことを強く進めました。

私は、物心両面で大きな試練が待ち受けているだろう教育者の道に、明日に希望を抱き精神力を強く持ち頑張ろうと決意しました。

教職の免許を取るために、大学に入り単位を取らなければなりません。

多くの学友は食事も充分に取れない状態で、勉学とアルバイトを両立させる生活に耐えられなくなり、余儀なく大学を中途退学する者が続出しました。

私はなんとか親や兄弟の援助を受け、またアルバイトをしながら何とか大学を卒業することが出来ました。

大学を卒業し、父母の期待もあり教職につくことになっていましたが、これからどのような人生を歩むのかと、とても不安でした。

進んでなりたいという、教師という職業ではありませんでしたが、取り合えず当分勤務してみようという軽い気持ちで赴任した。

赴任した公立中学校では社会科の教科を担当する教師でした。

当時社会主義的な考え方が教師集団にかなり浸透していましたし、教職員組合活動が活発で、管理職と一般の教師との関係がしっくりしませんでした。

特に社会科の教員には風当たりが強く、争いごとが嫌いな私にはとても苦痛でした。

このような雰囲気で、これからどのような方向に進むべきか、これでいいのか等といろいろなことを考えながら数年間勤務していました。

このような状況にあった時、ソ連が世界初の有人・人工衛星を打ち上げ地球を周回して無事に宇宙飛行士が地球に生還するという、出来事に世界中が驚嘆しました。

ソ連が世界初の人工衛星スプートニク1号の打ち上げは、日本や米国は強い衝撃を受けました。

米国はソ連に追いつき追い越そうと、科学教育を振興することとなり、日本も歩調をあわせることとなりました。

追いつけ、追い越せスプートニックショックが合言葉でした。

そのために、中、高等学校の文科系教師を選抜して理科の教員を急増し、科学・技術立国を目指し国力を高める政策をとりました。

私は必死になって再教育を受け、理科の教師の免許を手にすることができました。

理科教育は私にとって、とても性格に合っていたのか、毎日張り切って黒板に向かい実験、観察等に生徒と共に夢中になって取り組みました。

国を上げて取り組んだ科学教育は、見事に実を結び高度な科学知識、技能を活用して開発された各種の進んだ工業製品を世界各国に輸出し、世界有数の科学技術立国となり国力が目覚ましくついていきました。

現在、世界中の科学技術立国を目指す主な国々は、日本を手本とした国づくりに励み今日を迎えています。

月日の立つのは早いもので、30数年はつかのまに過ぎました。

平成7年に、長年勤めた公立中学校の教員を定年退職して、外務省所管の国際協力事業団から、移住シニア専門家として再就職し、ボリビアに赴任してきました。

仕事の目的内容は、日系人の子弟の教育や移住地の皆さんを支援したり、ボリビアの皆さんへ日本文化を啓発したり、日本を理解していただくことでした」

やがて二人は屋外に出た。南国の夜は、今まで経験したことの無いような爽やかですがすがしく、日本の真夏の夜のような暖かさであった。

二人は日系人移住地の中心にある、セントロ公園のベンチに腰をおろした。

日本人にとって夏の夜空に光り輝くホタルは、最も多くの人に親しまれている昆虫の一種である。

神秘的で美しく、言い知れぬ感傷的な雰囲気をかもしだすホタル。

子供のころ電灯を消して真っ暗になった蚊帳のなかで、眠たい目を半分開いて見るとホタルが青白い燐光の尾をひき点滅しながら、乱舞する姿に幽玄な気持ちになったことを思い出した。

いま二人が今眺めている光景と、日本で見る数十匹のホタルの光りとは全く違っている。日本のホタルは何故が淋しい雰囲気があった。

ボリビアで見るホタルは数十万、数百万匹が巨木をおおうように乱舞し、二人の姿を浮かびあがらせるかのように輝いては、人工のイルミネーションのようにも思えた。

二人は素晴らしいホタルの光りに目をこらした。

ホタルの光りは、あたかも人生の多様性を示し、何かを誇示しているようにも感じられた。

多種多様な虫の鳴き声が静寂な公園を囲み、あたかもインカ帝国が滅び去った栄光を忍んでいるかのような響きでもの寂しく聞こえた。

雪子「貴方と一緒にホタル狩りをして、小川に足を滑らせて転落したとき、必死になって引き上げてくれたあのときの、手の温もりを今もしっかり思い出すことが出来ます。

これからの生活の中でも、とても困ったときがあったら、あのときの手のぬくもりを思い出し、生きる喜びの糧としていきます。

この思い出は私たちに取って、今後お互いの心の中に言い知れぬ何かの力が働いて守って下さるように思われるのです。

最近生活の中で偶然とか、必然でそうなったのではなどと神秘的な力を感じることがありますが、けっして年をとったせいではないでしょう。

人が生きていく生活の中では、決して不思議なことではないように思われるのです」

富雄「私にとってあなたは理想の女性として、私の人生に夢を与えてくれました、人生の峠を越したいま、まったく偶然にお会いできたことはこの上もない喜びです」

雪子「異性を愛すること好きになることとは、人がものを考える脳の部分でどのような変化が起こっていることなのでしょう。

難しいことは分かりませんが、私の人生の中で最も大切なことなのです。

何故、愛を感じるのでしょうか、恋愛は生前から赤い糸で結ばれていたという考えがありますが、私たちは一時的気の迷いでなく、むしろ運命的な出会いであったことは確かですし、今後もこの思いは永遠に続いていくと思います」

こぼれるような全天に輝く星ぼし、降るように美しい輝きの中にあって、南極の真にある南十字星（サザン、クルス、スター）の放つ輝きは、北極星のように強い光ではないけれど、初めて眺める富雄にとっては想像していたより何倍も荘厳で威光を感じさせ、なぜか心が洗われるような気持ちになった。

富雄「日本は北半球なので、南十字星は日本最南端の島で地平線に弱い光を放つ星として眺めることしか出来ません。

こうして貴方と一緒に広大な宇宙を眺めていると、私たちの住んでいる地球という惑星は、宇宙の中では砂粒くらいの存在なのだということに驚嘆します。

何故か私たちは現在地球という、一つの惑星に生きていることに不思議なロマンを感じ、言い知れぬ宇宙の摂理の不思議さを感じてなりません。

ボリビアで眺める天の川は、澄み切った夜空で奇麗な空気のためかミルクウェイの名にふさわしく、あたかも天球を川が勇ましく流れているように見えます。

目をこらして全天を注視すると、とても空気が澄んでいるボリビアでは、光り輝く物質の正体は、微細な星の粒の集合体だということがはっきりわかります。

星が密集している部分を私たちは、天の川と呼んでいることもよくわかります。

日本の夜空では空気が淀んでいるためか、星空は全体にかすんで見えます。

ボリビアの星空は、想像出来ないような重厚な気持ちになり、何か宇宙の中に吸い込まれそうになり、時の立つのを忘れてしまいそうな錯覚に捕らわれました」
雪子「若い日に、北の夜空に輝く大いぬ座の首星、シリウスに、少年、少女であった青春時代の願いや夢を星に託しました。

しかし運命は、今日のシリウスの光のようにゆらいでいました。

それぞれ二人は必死になって階段を上がろうと努力しましたが、道は交差することなく目指す星に到達することは出来ませんでした。

目的はかなうことがなかったけれど、思いがけない再会にとても喜びは大きいのです。

星ぼしが永遠に光り続けるように、夢は今後は続くでしょう」
富雄「貴方は、この国に移住し日系ボリビア人となって、いまどう感じていますか」
雪子「この国に移住して、とても幸せだったと思っています。

しかし私は日系人です。そして今も日本人です。

日本人の血が全身に流れていることもあってか、この国の文化や風習、習慣を理解する為に多くの時間と努力が必要でした。

文化は人びとが自然環境のあらゆる出来事に働きかけ、その結果として有形無形の考えや形になっているのです。

その結果として政治・経済・文化・宗教・習慣・道徳・風土などの違いが出てきた原因なのだと思います。

違った民族同士がお互いに不満なく生きていく場合、大切なことは異文化や相手を正しく理解することだと思います。

このことはとても難しいことですけれど、それぞれの文化が融合して新しい社会をつくるためには相手の立場や誇り、プライドを尊敬しあい素晴らしい歴史を作ろうとお互いに努力する力が大切なのです。

私は初めて外国にきました。遠くから見る日本は輝いて見えます。特に科学技術や、文化の面です。

今日のボリビアでは、日本が失ったものを大切に守ろうとしている方々がいます。

特にインディオは、有形無形の文化財が変化しないで沢山残っていて、後世に残したいと国を挙げて努力していることは、学ぶべきことです」

雪子「現在の私の心境を率直にお話しします。

貴方は、いろいろな事情がおありだと思いますが、お仕事が終わったら日本にお帰りにならないで、ボリビアにとどまっていただけないでしょうか、とどまっていただけるのならこのうえのない喜びなのです」

富雄「貴方の心のこもったお誘いの言葉は、この上もない喜びです。

私のおかれている現在の状況では、帰国して解決しなければならないことがたくさんあって、とても苦しいことです。ご期待に添うことはできないのです」

雪子「私の勝手なお願いであり、とても大切なことを簡単に受け入れていただけないことはよく理解できます。

思いがけない再会で、お互いの心の中に残る葛藤や空しさは残りますが、確認できたことを幸せに思います。

日本が打ち上げている静止衛星は、南米大陸のジャングル地帯にある日系人移住地に中継され国際ＮＨＫテレビ放送で、日本の出来事が瞬時に分かり地球は近くなったように感じますが、まだまだ遠いところなのです。

移住した日系人の方々は、つつましやかに生活し、異国の地で一生を送るのです。

整然と日本の方向を向いて並ぶ、墓標は並々ならぬ望郷の念がにじんでいました。

『人は皆やがて土に帰る、日系人はここで生きる』という皆さんの、心が痛むような証の石碑がありました」

富雄「日本は、古来からの習わしである春はお花見、秋は美しい紅葉狩りや、野外パーティ、屋外でのスポーツなどを楽しむ季節があります。

南北に３５００㎞と細長い日本は、世界に例を見ない自然環境にあり、北ではパウダースノーで、ゲレンデスキーを楽しみ、翌日サンゴ礁の南の島で海水浴やウォータースキーをすることが出来るという恵まれた環境にあります。

近年世界の観光地として見直されていて、世界遺産や文化を求めて訪れる方が年々多くなりつつあり、観光日本、東洋のパラダイスを目指し、将来素晴らしい輝きを放つのは決して夢ではないでしょう。

ボリビア人と日系人が協力して今までなかった文化を育て、平和で健康な社会を作るためにボリビアは南米のモデルの国を目指し、日本は世界の模範になる国になることを目指しています。

私たちも国や立場が違っても個人が出来る範囲の貢献を目指しませんか。

貴方が何時か、きっと『必ず』日本に里帰りされることを心待ちにしています」

富雄「北の夜空に降るように美しい、一月の星空に一際輝くシリウスを眺めながら過ぎ去った夢を確認するとき、何故夢は実現しなかったのだろうという疑問の答えに対するヒントを教えてくれそうな気がするのです」

雪子「明日は、あまりお別れするのがつらくて、ビルビル・国際エアポートまでお見送りに行く元気はありません。

任務を終えてお帰りになる国際便の飛行機は午後一時頃、私の牧場の上空を通過します。自家用飛行場の東側の端に、白銀に映える純白な雪のような布を力一杯振ります。どうか飛行機の窓越しに眼下を見下ろしてください、私はさようなら（アスタマニアーナ）と言いたいのです」

あとがき

文科省は学校の変化について教師や社会が立ち往生しているうちに、授業中心の学校に組みかえようとしているように思う。今までの学校の主な活動であった生徒指導や学校行事等はほとんど精選されているのが現状だ。授業だけで学校を管理すると、大多数の生徒はますます自信を失ってしまう。ひょっとすると文科省の中には学級崩壊は古い学校が崩れていく過程での、産みの苦しみのようなもので我慢すべきものだという考えがあるのかもしれない。そうだとすると学校崩壊とは何かを聞きたいものである。

ここ数年、問題行動の子どもが増えつづけている状況に対して、親の子育ての方法に問題があると考える人は多い。

父母自身、今日の社会を想定して子どもを育てる教育を受けていないし、子育てのマニュアルもないのだから、自信を持って子育ての目標や養育が出来ないのが実情であろう。

発達過程から考えると、0歳から3歳くらいまでどう育てるか、幼稚園の頃は何をするか、小学校ではどうか、やるべきことをきちんとやればその結果が二倍にも三倍にもなるということを昔の人は、鉄は熱いうちに打てという言葉で表している。もともと性格は生育環境によって形成される度合いが大きいとされ、問題行動に走る子どもと精神障害を発症する子どもには共通点がある。

暴力をふるう子どもはわがままに育っていて、自分を統制できないという欠陥や弱点を抱えている傾向がある。

たとえ暴力をふるう子どもでも突き詰めれば彼がそうさせたのではなく、幼いころからの矛盾、ひずみの積み重ねが要因となったのである。子どもがある症状を示した時、家族の側から考えるとそれは家族の危機を子どもが感じて危険信号を出していると考えられる。

問題行動は個別化されて暴力行為という外に向かう形と、摂食障害のように内に向かう場合があり、おなかが痛いとか変な癖をするようになるなど、相手が気づいてくれるようにはっきりと見つけてもらえるように信号、症状を出すのである。問題行動の原因を作るストレスの種類は案外似ているのではないだろうか。とくに症状のうちで学校に行かないことが最も親が気づきやすく、その子どもは不登校と言われる。いろいろな症状に共通するのはコミュニケーション不全であり、自分の言動についてよい悪いの判断をする力がなく、努力、辛抱、根性が育っていないのである。

今日、学校は問題が起きたら社会に対してはっきり公表、発言し、父母の協力や理解を得ることが大切である。人間として自立できなくて一番悩んでもいるのは子ども達である。先生方が現実の悩みに試行錯誤を繰り返しながら頑張る時、成果を左右するのは管理職の才覚であろう。学校の管理職や教師は今こそ頑張る時である。ひるんでいては情けないではないか。心より現代の社会に適応した学校に変革することを教職経験者の一人として強く希望し期待するものである。

ボリビア共和国は日本の反対側にある。アンデス山脈を背にした日本の三倍くらいの面積でほとんどが平地で、ジャングル地帯が多く鉱物資源・森林資源、太陽エネルギー、水資源等が豊富で風のない晴天の日が多い。国土のほとんどが気候に恵まれた未開地であり、一部の地域には今も裸族が暮らしている。

戦後わが国の食料難を心配したボリビア政府は（戦前約百年くらい前から民間サイドでゴムの採集労働のために移民し、堅実で勤勉な日本人に感銘していたので）日本の人を招いてアマゾン川上流地帯のジャングルを開拓して農業の振興を図り日本人の食料を確保しようと日本政府に働きかけて日本人の移住地が誕生した。素人のわたしにとって現在の日系人移住地が成功しているのかどうなのか判断は難しいが、多くの日系人の方にお会いしたところ、とくに一世の方は全員一日一回は日本のことを思い出すと言っていた。毎日かかさず聞く国際日本語放送、日本の方向を向いて整然と並ぶ墓石を見て日本を思う気持ちの強さに感銘し、この方々のことは忘れてはいけない、出来るだけの支援をすべきだと思った。

移住者、日系人一世の方々は日本での生活の延長のような感覚で現在まで生活し、今後も日本文化を継承した生活をしようと考えているのだ。

二世以降の方は在任国で生まれて教育を受け、物の見方、考え方といった面で、日本文化継承派との違いが一部であるが出てきているように感じた。これらの違いをどのように解決していくか、過去の実践や経験から冷静に判断し、日系人が在任国の国づくりに大きな力となってきた実績に誇りを持って、新しい歴史を作っていって欲しいと願っている。

人は皆同じだと言っても言葉が違ったり、違った文化や風土に順応することは特に短期間では大変なことである。

ややもすると多勢に無勢、朱に交われば赤くなるの諺のように両国の悪い面を重ねたような人間が増加したのではとても悲しいことになるだろうし、日本人でもボリビア人でもない数千人の人間が漂流することになっては大変だ。わが国が今日、日系人の方々に支援をする努力は非常に大切なのだ。

このような状況下にあって、日系人社会が今欠けているものを文化やアイデンティティとの関連に留意した多様な方法と内容で支援し、コミュニケーションを通した相互の交流を大切にした具体的内容を踏まえた活動が効果的だろう。日系社会への活動は物から人へと変遷しつつある現状で橋渡しをする人材が、何をどのように支援援助するかが大切であり、ＪＩＣＡの指導性が問われるところである。

斎藤　述史

【著者紹介】

斎藤　述史（さいとう　のぶみ）

1935 年（昭和 10 年）2 月 11 日 札幌市に生まれる。
1957 年　北海学園大学経済学部卒業。
1961 年　北海道職員採用特別上級試験合格。
1967 年　北海道大学で理科教員免許状を取得。38 年間札幌市公立中学校の各校に理科教員として勤務。
1995 年　外務省所轄国際協力事業団より移住シニア専門家としてボリビア共和国に 2 年間派遣される。

日本《にほん》とボリビアの架橋《かけはし》

—日系《につけい》シニア専門家《せんもんか》としての国際貢献《こくさいこうけん》の記録《きろく》—

2017 年 4 月 17 日　第 1 刷発行

著　者 — 斎藤《さいとう》　述史《のぶみ》

発行者 — 佐藤　聡

発行所 — 株式会社 郁朋社《いくほうしゃ》

〒 101-0061　東京都千代田区三崎町 2-20-4
電　話　03（3234）8923（代表）
FAX　03（3234）3948
振　替　00160-5-100328

印刷・製本 — 株式会社東京文久堂

落丁、乱丁本はお取り替え致します。

郁朋社ホームページアドレス　http://www.ikuhousha.com
この本に関するご意見・ご感想をメールでお寄せいただく際は、
comment@ikuhousha.com までお願い致します。

 ISBN978-4-87302-638-1 C0095